国家级一流本科专业建设·经济学教学用书

数理经济学选讲

杨 哲◎编著

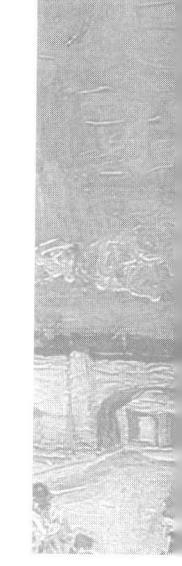

上海财经大学出版社

上海学术·经济学出版中心

图书在版编目(CIP)数据

数理经济学选讲 / 杨哲编著. -- 上海：上海财经大学出版社，2025.3. -- (国家级一流本科专业建设).
ISBN 978-7-5642-4590-0

Ⅰ. F224.0

中国国家版本馆 CIP 数据核字第 20251ZX269 号

本书得到上海财经大学 2024 年度本科课程与教材建设项目、2024 高峰Ⅱ高水平课程教材建设与拔尖人才培养项目(项目号：2024950002)的资助

□ 责任编辑　王　芳
□ 封面设计　张克瑶

数理经济学选讲
杨　哲　编著

上海财经大学出版社出版发行
(上海市中山北一路 369 号　邮编 200083)
网　　址：http://www.sufep.com
电子邮箱：webmaster@sufep.com
全国新华书店经销
上海锦佳印刷有限公司印刷装订
2025 年 3 月第 1 版　2025 年 3 月第 1 次印刷

787mm×1092mm　1/16　9.25 印张(插页：2)　237 千字
定价：49.00 元

前 言
FOREWORD

  微观经济学专业教材一般划分为初级微观经济学、中级微观经济学、高级微观经济学.这方面的教材,国内和国际上已经有了大量出版.综合类的微观经济学教材内容全面,覆盖微观经济学的大部分核心内容.这种微观经济学教材非常适合本科和研究生的基础性教学.但由于大而全的特性,使教材对定理证明的细节往往有所取舍,重经济思想的讲授,忽略数理推导细节.而专业性的数理经济课程正好弥补这一缺陷.数理经济学重点利用数理推导分析经济学思想,进而验证经济学思想.在国内已有几本数理经济学教材的出版,其难度各异,但整体来说相应的教材仍是比较缺乏的.

  在教学中,虽然已经有了高级微观经济学、高级宏观经济学、高级计量经济学("三高"经济学)课程,研究方向为微观理论的同学还会修读高级微观经济学Ⅱ、Ⅲ和微观经济学专题.在指导学生的过程中,笔者发现上述课程虽然包括了微观经济学的各个知识点,但对数理模型的具体推导和证明细节,学生们大部分不能掌握,对经典模型和证明不能进行推广和深入,其证明思想和证明细节不能融会贯通.出现上述现象,笔者认为是教材注重介绍思想,而对证明和推导细节处理不足.笔者认为学习和研究中"知易行难".一个好的研究思想固然重要,但思想能严格地证明也是研究中不可缺失的一环.鉴于此,笔者编著了《数理经济学选讲》.

  本书内容为博弈与经济中的均衡分析,主要从非合作均衡和合作均衡两个方面加以介绍.本教材分16讲,每一讲都首先简要给出模型,讲授的重点放在均衡的存在性证明.本书的内容都是经典的模型和均衡存在性,都参考于相关的论文和书籍.笔者在结合自己研究的基础上,对一些证明进行调整,给出一些便于理解的形式.本书附录中给出了一些习题,这些习题都引自其他教材和论文.学生能够通过习题训练,达到对证明熟练掌握的目的.

  本书重点是数理经济模型中的详细证明,忽略数理经济模型的构建过程.综合性经济学教材已经阐述了如何从经济学思想到数理经济模型,因此本书不重复这一方面,而着眼于证明细节,追求数理推导的自洽和严谨,重点培养学生的数理推导能力,为后续科研做好准备.

  本书可以作为经济学、数学、管理学高年级本科学生选修数理经济学的教材,更适用于研究生学习高级微观经济学和微观经济学专题的教材.应该说,如果对本书内容熟练掌握,可以达到本方向的研究前沿.因此,本书也可作为相关研究人员的参考书.本书内容为本领域的经典部分,笔者之后有志于把本学科方向的最新进展以专著形式呈现.

  最后,数理经济学具有诸多方向,近年来也快速发展.本书的内容只展现出均衡存在性的一部分内容,希望本教材能起到抛砖引玉的作用,能为本学科方向的学生培养起一定的助力.

本教材成书的过程中,上海财经大学多次组织专家对教材进行评审,笔者也与专家积极交流,根据评审专家的意见对教材进行了改进.在此感谢上海财经大学的统筹管理和各位专家的建议.教材原名《数理经济学讲义》,各位专家认为数理经济学内容丰富,而本书只呈现了一些方面,建议改为《数理经济学选讲》.笔者深以为然,遂改之.

本书得到上海财经大学2024年度本科课程与教材建设项目、2024高峰Ⅱ高水平课程教材建设与拔尖人才培养项目(项目号:2024950002)的资助,在此表示感谢.

杨　哲

上海财经大学经济学院

2025年2月

目 录
CONTENTS

1	第1讲	数学预备知识
7	第2讲	非合作博弈中的 Nash 均衡
11	第3讲	广义博弈的非合作均衡
19	第4讲	合作博弈中的核
41	第5讲	规范型博弈中的 α 核
45	第6讲	具有非序偏好博弈的 α 核
55	第7讲	社会联盟均衡和强 Nash 均衡
64	第8讲	策略型博弈的混合均衡
73	第9讲	规范型博弈中的可传递效用 α 核与 β 核
81	第10讲	交换经济
86	第11讲	生产经济
94	第12讲	超需映射方法
101	第13讲	联盟生产经济中的核
107	第14讲	具有外部性的交换经济中的 $p-$核
115	第15讲	具有非序偏好博弈中的模糊核
125	第16讲	合伙型 KKMS 定理与非传递效用合作博弈中的合伙核

136	附录 习题
141	参考文献

第1讲
数学预备知识

本讲主要参考文献为 Fan(1969), Gale 和 Mas-Colell(1975), Ichiishi(1983), Border(1985), Chang(1990), Komiya(1997), Ichiishi 和 Idzik(2002), Florenzano (2003), Aliprantis 和 Border(2006), 俞建(2008, 2011, 2020). 本讲主要回顾一些经典的数学知识, 力求本书数学知识的自洽. 一些定理的证明具有相当难度. 因此, 读者学习时可以直接使用相关结论, 不用加以证明, 而把学习的重心放在后续章节.

定义 1.1　R^n 中的距离定义为

$$d(x, y) = \sqrt{\sum_{i=1}^{n}(x_i - y_i)^2}, \ \forall x, y \in R^n.$$

定义 1.2　设 $A \subset R^n$, 对任意 $x, y \in A, t \in [0, 1]$, 有 $tx + (1-t)y$, 则称 A 为凸的.

定义 1.3　设 $A \subset R^n$, A 的凸包定义为

$$coA = \left\{\sum_{i=1}^{m} t_i x_i : \exists m \in \mathbf{N}, \exists x_i \in A, t_i \in [0, 1], \forall i = 1, \cdots, m, \sum_{i=1}^{m} t_i = 1\right\}.$$

定义 1.4　给定 $x \in R^n, \varepsilon > 0$, 记开球

$$O(x, \varepsilon) = \{y \in R^n \mid d(x, y) < \varepsilon\}.$$

定义 1.5　设 $A \subset R^n$. 如果对任意 $x \in A$, 存在 x 的开邻域 O 使得 $O \subset A$, 则称 A 为开集.

定义 1.6　如果 A 中任意收敛序列 $\{x^m\}$ 满足 $x^m \to x$, 可推出 $x \in A$, 则称 A 为闭集.

定义 1.7　如果 A 为开集, 它的补集 A^c 为闭集. 如果 A 为闭集, 它的补集为开集.

定义 1.8　设 I 为任意指标集. 对开集簇 $\{A_i \mid i \in I\}$ 和闭集簇 $\{B_i \mid i \in I\}$, 对任意给定 $n \in \mathbf{N}$, 有 $\bigcup_{i \in I} A_i, \bigcap_{i=1}^{n} A_i$ 为开集; $\bigcup_{i=1}^{n} B_i, \bigcap_{i \in I} B_i$ 为闭集.

定义 1.9　设 $A \subset R^n$. 如果存在 $\varepsilon > 0$, 使得

$$A \subset U(0, \varepsilon) = \{y \in R^n \mid d(0, y) \leqslant \varepsilon\},$$

则称 A 为有界的. A 的闭包 clA 定义为

$$clA = \{y \in R^n \mid \exists y^m \in A \ s.t. \ y^m \to y\}.$$

定义 1.10　设 $A \subset R^n$ 为紧集, 则下面命题等价:

(a) A 为有界闭集;

(b) 任意 $\{y^m\} \subset A$, 必存在收敛子序列 $\{y^{m_k}\}$ 使得 $y^{m_k} \to y \in A$;

(c) 对任意 $\lambda \in \Lambda, G_\lambda$ 为开的,

$$A \subset \bigcup_{\lambda \in \Lambda} G_\lambda;$$

可得存在 $n \in \mathbf{N}$ 使得

$$A \subset \bigcup_{i=1}^{n} G_{\lambda_i};$$

(d) $\{F_\lambda \mid \lambda \in \Lambda\}$ 满足对任意 $\lambda \in \Lambda, F_\lambda$ 为非空闭, 且对任意 $n \in \mathbf{N}$,

$$\bigcap_{i=1}^{n} F_{\lambda_i} \neq \varnothing,$$

可推出

$$\bigcap_{\lambda \in \Lambda} F_{\lambda} \neq \varnothing.$$

定义 1.11 设 $X \subset R^n$, $f: X \to R$, $x_0 \in X$, 如果对任意 $\{x_m\} \subset X$ 满足 $x_m \to x_0$, 有

$$f(x_m) \to f(x_0),$$

则称 f 在 x_0 连续.

f 在任意 $x \in X$ 上连续, 则称 f 在 X 上连续.

f 在 X 上连续等价于对任意 $r \in R$, $\{x \in X \mid f(x) \geqslant r\}$ 和 $\{x \in X \mid f(x) \leqslant r\}$ 为 X 中闭集.

定义 1.12 设 $X \subset R^n$ 为非空凸集, $f: X \to R$. 如果对任意

$$x_i \in X, t_i \in [0,1], i=1,\cdots,m, \sum_{i=1}^{m} t_i = 1,$$

有

$$f\Big(\sum_{i=1}^{m} t_i x_i\Big) \geqslant \sum_{i=1}^{m} t_i f(x_i),$$

则称 f 为凹的; 如果有

$$f\Big(\sum_{i=1}^{m} t_i x_i\Big) \geqslant \min\{f(x_i) \mid i=1,\cdots,m\},$$

则称 f 为拟凹的. 如果 f 为(拟)凹的, 则称 $-f$ 为(拟)凸的.

定义 1.13 设 $X \subset R^m$, $Y \subset R^n$ 为空的, 对任意 $x \in X$, $F(x)$ 为 Y 中非空子集, 则称 $F: X \rightrightarrows Y$ 为一个集值映射. 给定 $x \in X$, 对 Y 中任意开集 $V \supset F(x)$, 存在 x 的开邻域 U 使得

$$F(x') \subset V, \ \forall x' \in U,$$

则称 F 在 x 是上半连续; 对 Y 中任意开集 V 满足 $V \cap F(x) \neq \varnothing$, 存在 x 的开邻域 U 使得

$$V \cap F(x') \neq \varnothing, \ \forall x' \in U,$$

则称 F 在 x 是下半连续. F 既是上半连续又是下半连续, 则称 F 为连续的.

定义 1.14 集值映射 $F: X \rightrightarrows Y$ 的图为

$$Graph(F) = \{(x,y) \in X \times Y \mid y \in F(x)\}.$$

如果 $Graph(F)$ 为闭的, 则称 F 为闭的.

定理 1.1 设 $X \subset R^n$ 为非空紧的, $f: X \to R$ 为连续的, 那么存在 $x_1, x_2 \in X$ 使得

$$f(x_1) = \max\{f(x): x \in X\},$$
$$f(x_2) = \min\{f(x): x \in X\}.$$

定理 1.2 (i) 设 $X \subset R^n$, $Y \subset R^m$. $F: X \rightrightarrows Y$ 在 X 上是上半连续具有闭值, 则 F 为闭的.

(ii) 设 $X\subset R^n$, $Y\subset R^m$ 为非空紧的, $F: X \rightrightarrows Y$ 是闭的, 则 F 在 X 上为上半连续的.

定理 1.3 设 $X\subset R^m$ 为非空紧的, $Y\subset R^n$ 为非空的, 集值映射 $F: X \rightrightarrows Y$ 在 X 上为上半连续具有非空紧值, 则

$$F(X) = \bigcup_{x\in X} F(x)$$

为 Y 中的紧集.

定理 1.4 $X\subset R^m$, $Y\subset R^n$ 为非空的, $F: X \rightrightarrows Y$ 具有非空紧值, 那么

(i) F 在 $x\in X$ 是上半连续当且仅当任意 $\{x^k\}\subset X$, $x^k\to x$, $y^k\in F(x^k)$, 存在子序列 $\{y^{k_q}\}$ 使得 $y^{k_q}\to y\in F(x)$.

(ii) F 在 x 是下半连续的当且仅当任意 $\{x^k\}\subset X$, $x^k\to x$, 任意 $y\in F(x)$, 存在 $y^k\in F(x^k)$ 使得 $y^k\to y$.

定理 1.5 设 $X\subset R^m$, $Y\subset R^n$ 为非空的,

(i) $f: X\times Y\to R$ 为下半连续的, $G: Y\rightrightarrows X$ 为下半连续, 那么

$$m(y) = \sup_{x\in G(y)} f(x, y)$$

在 Y 上是下半连续;

(ii) $f: X\times Y\to R$ 为上半连续的, $G: Y\rightrightarrows X$ 为上半连续具有非空紧值, 那么

$$m(y) = \sup_{x\in G(y)} f(x, y)$$

在 Y 上是上半连续;

(iii) $f: X\times Y\to R$ 为连续的, $G: Y\rightrightarrows X$ 为连续具有非空紧值, 那么

$$m(y) = \max_{x\in G(y)} f(x, y)$$

为连续的, 而且集值映射

$$M(y) = \{x\in G(y) \mid f(x, y) = \max_{z\in G(x)} f(x, z)\}$$

为上半连续具有非空紧值.

定理 1.6(逆 Berge 极大元定理) 设 $X\subset R^n$, $F: X\rightrightarrows R^m$ 为上半连续具有非空凸紧值. 那么存在连续函数 $u: X\times R^m\to [0, 1]$, 且对任意 $x\in X$, $u(x, \cdot)$ 为拟凹的,

$$F(x) = \{y\in R^m \mid u(x, y) = \max_{z\in R^m} u(x, z)\}.$$

定理 1.7(Brouwer 不动点定理) 设 $X\subset R^n$ 为非空凸紧的, $f: X\to X$ 为连续的, 那么存在 $x^*\in X$ 使得 $x^* = f(x^*)$.

定理 1.8(Kakutani 不动点定理) 设 $X\subset R^n$ 为非空凸紧的, $F: X\rightrightarrows X$ 为上半连续具有非空凸紧值, 那么存在 $x^*\in X$ 使得 $x^*\in F(x^*)$.

定理 1.9(Gale-Mas-Colell 不动点定理) 设 $N=\{1, \cdots, n\}$; 对任意 $i\in N$, $X_i\subset R^{k_i}$ 为非空凸紧的; 记 $X=\prod_{i\in N} X_i$. 对任意 $i\in N$, $F_i: X\rightrightarrows X_i$ 为下半连续具有凸值, 那么存在 $x^*\in X$ 使得对任意 $i\in N$,

$$x_i^*\in F_i(x^*) \text{ 或者 } F_i(x^*) = \varnothing.$$

定理 1.10(Fan 叠合点定理) 设 $X \subset R^n$ 为非空凸紧，$F, G: X \rightrightarrows R^n$ 为上半连续具有非空凸紧值，且 (F, G) 为内指向的，即对任意 $x \in X$，存在

$$u \in F(x), v \in G(x), \lambda > 0$$

使得

$$x + \lambda(u - v) \in X,$$

那么存在 $x^* \in X$ 使得

$$F(x^*) \bigcap G(x^*) \neq \varnothing.$$

定理 1.11(Fan 零点定理) 设 $X \subset R^n$ 为非空凸紧，$F: X \rightrightarrows R^n$ 为上半连续具有非空凸紧值，F 为内指向的，即对任意 $x \in X$ 存在 $u \in F(x), \lambda > 0$ 使得

$$x + \lambda u \in X.$$

那么存在 $x^* \in X$ 使得 $0 \in F(x^*)$。

定理 1.12(集值映射连续选择定理) 设 $X \subset R^m$，集值映射 $F: X \rightrightarrows R^n$ 为非空凸值，且对任意 $y \in R^n$，

$$F^{-1}(y) = \{x \in X \mid y \in F(x)\}$$

为开的，那么存在一个连续函数 $f: X \to R^n$ 使得 $f(x) \in F(x), \forall x \in X$。

定理 1.13 设 $X_i \subset R^{m_i}$，$Y_i \subset R^{n_i}$，$\forall i = 1, \cdots, k$。如果对任意 $i = 1, \cdots, k$，

$$F_i: X_i \rightrightarrows Y_i$$

为上半连续具有非空紧值，那么

$$\prod_{i \in \{1, \cdots, k\}} F_i : \prod_{i \in \{1, \cdots, k\}} X_i \rightrightarrows \prod_{i \in \{1, \cdots, k\}} Y_i$$

为上半连续具有非空紧值。

定理 1.14 设 $X \subset R^n$ 为非空凸的，对任意 $i \in I$，$f_i: X \to R$ 为(拟)凹的，那么

$$\inf_{i \in I} f_i(\cdot): X \to R$$

也为(拟)凹的。

定理 1.15 设 A 为一个 $n \times m$ 矩阵，$c \in R^n$，$b \in R^m$。如果

$$\{x \in R^n : x^T A \geq b^T\}$$

和

$$\{y \in R^m \mid Ay = c, y \geq 0\}$$

同时非空，那么

$$\min\{x^T c \mid x^T A \geq b^T\} = \max\{b^T y \mid Ay = c, y \geq 0\}.$$

定理 1.16 设 $X \subset R^n$ 为非空凸紧，$F, G: X \rightrightarrows R^n$ 为上半连续具有非空紧凸值，而且对任意 $x \in X, p \in R^n$ 满足

$$p \cdot x = \min\{p \cdot y \mid y \in X\},$$

存在 $u \in F(x), v \in G(x)$ 使得

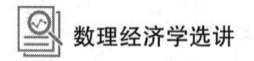

$$p \cdot u \geqslant p \cdot v,$$

那么存在 $x^* \in X$ 使得

$$F(x^*) \bigcap G(x^*) \neq \varnothing.$$

定理 1.17 设 $X \subset R^n$, $Y \subset R^m$ 为非空，$G: X \rightrightarrows Y$ 为下半连续，对任意零点的开邻域 V，记

$$G_V(x) = (G(x) + V) \bigcap Y,$$

那么任意 $y \in Y$，$G_V^{-1}(y)$ 为开的.

第 2 讲
非合作博弈中的 Nash 均衡

非合作博弈由参与人集合、参与人的策略集以及效用函数或者偏好映射组成.本讲将给出非合作博弈的框架和其中 Nash 均衡的定义,利用 Kakutani 不动点定理证明 Nash 均衡的存在性,主要参考文献为 Gale 和 Mas-Colell(1975),Shafer 和 Sonnenschein(1975),Border(1985),俞建(2002,2008,2011,2020).

设 $N=\{1,\cdots,n\}$ 为局中人集合;

对任意 $i \in N$,X_i 为局中人 i 的策略集;记

$$X = \prod_{i \in N} X_i,$$

$$X_{-i} = \prod_{j \in N\setminus\{i\}} X_j;$$

$u_i: X \to R$ 为局中人 i 的效用函数.

因此,一个规范型博弈可以表示为

$$\Gamma = (X_i, u_i)_{i \in N}.$$

定义 2.1 如果存在策略组合 $x^* \in X$,使得

$$u_i(x_i^*, x_{-i}^*) \geqslant u_i(y_i, x_{-i}^*), \forall y_i \in X_i, \forall i \in N,$$

则称 x^* 为规范型博弈 $\Gamma = (X_i, u_i)_{i \in N}$ 的 Nash 均衡.

如果对任意 $i \in N$,局中人 i 的偏好由一个非序偏好映射 $P_i: X \rightrightarrows X_i$ 表示.此时一个非序偏好博弈可以表示为

$$\Gamma = (X_i, P_i)_{i \in N}.$$

定义 2.2 如果存在策略组合 $x^* \in X$,使得 $P_i(x^*) = \varnothing$,$\forall i \in N$,则称 x^* 为非序偏好博弈 $\Gamma = (X_i, P_i)_{i \in N}$ 的 Nash 均衡.

定理 2.1 规范型博弈 $\Gamma = (X_i, u_i)_{i \in N}$ 满足下面条件:

(i) 对任意 $i \in N$,$X_i \subset R^{k_i}$ 为非空凸紧的;

(ii) 对任意 $i \in N$,u_i 在 X 上是连续的,而且对任意 $x_{-i} \in X_{-i}$,$u_i(\cdot, x_{-i})$ 在 X_i 上为拟凹的.

那么规范型博弈 $\Gamma = (X_i, u_i)_{i \in N}$ 存在 Nash 均衡.

证明:对任意 $i \in N$,定义集值映射 $F_i: X_{-i} \rightrightarrows X_i$:

$$F_i(x_{-i}) = \{y_i \in X_i \mid u_i(y_i, x_{-i}) \geqslant u_i(z_i, x_{-i}), \forall z_i \in X_i\}.$$

利用 u_i 的连续性和 X_i 的紧性,由定理 1.1,明显 F_i 为非空值的.

因为对任意 $i \in N$,$x_{-i} \in X_{-i}$,$y_i^1, y_i^2 \in F_i(x_{-i})$,$t \in [0,1]$,可得

$$u_i(y_i^1, x_{-i}) = \max_{z_i \in X_i} u_i(z_i, x_{-i}),$$

$$u_i(y_i^2, x_{-i}) = \max_{z_i \in X_i} u_i(z_i, x_{-i}).$$

因 $u_i(\cdot, x_{-i})$ 在 X_i 上为拟凹的,那么

$$u_i(ty_i^1+(1-t)y_i^2, x_{-i})$$
$$\geqslant \min\{u_i(y_i^1, x_{-i}), u_i(y_i^2, x_{-i})\}$$
$$\geqslant \max_{z_i\in X_i} u_i(z_i, x_{-i}),$$

可推出
$$u_i(ty_i^1+(1-t)y_i^2, x_{-i}) = \max_{z_i\in X_i} u_i(z_i, x_{-i}),$$

即
$$ty_i^1+(1-t)y_i^2 \in F_i(x_{-i}).$$

因此 $F_i(x_{-i})$ 为凸的.

进一步, 集值映射 F_i 的图表示为
$$Graph(F_i) = \{(y_i, x_{-i})\in X_i\times X_{-i} \mid u_i(y_i, x_{-i})\geqslant u_i(z_i, x_{-i}), \forall z_i\in X_i\}.$$
$$= \bigcap_{z_i\in X_i} \{(y_i, x_{-i})\in X_i\times X_{-i} \mid u_i(y_i, x_{-i})\geqslant u_i(z_i, x_{-i})\}.$$

因为对任意 $i\in N$, u_i 为连续的, 那么对任意 $z_i\in X_i$,
$$\{(y_i, x_{-i})\in X_i\times X_{-i} \mid u_i(y_i, x_{-i})\geqslant u_i(z_i, x_{-i})\}$$

为 X 中闭集. 因此可得 $Graph(F_i)$ 在 X 中为闭的. 由定理 1.2(ii), 可得 F_i 为上半连续具有紧值. 由以上论述, F_i 为上半连续具有非空凸紧值.

定义集值映射 $F: X \rightrightarrows X$:
$$F(x) = \prod_{i\in N} F_i(x_{-i}).$$

那么 F 为上半连续具有非空凸紧值, 且 X 为非空凸紧的. 由定理 1.8, 存在 $x^*\in X$ 使得 $x^*\in F(x^*)$, 即对任意 $i\in N$,
$$u_i(x_i^*, x_{-i}^*) = \max_{y_i\in X_i} u_i(y_i, x_{-i}^*).$$

得证 x^* 为规范型博弈 $\Gamma=(X_i, u_i)_{i\in N}$ 的 Nash 均衡. 证毕.

定理 2.2 非序偏好博弈 $\Gamma=(X_i, P_i)_{i\in N}$ 满足下面条件:

(i) 对任意 $i\in N$, $X_i\subset R^{k_i}$ 为非空凸紧的;

(ii) 对任意 $i\in N$, $y_i\in X_i$,
$$P_i^{-1}(y_i) = \{x\in X \mid y_i\in P_i(x)\}$$

在 X 中为开的;

(iii) 对任意 $i\in N$, $x\in X$, $P_i(x)$ 为凸的且 $x_i\notin P_i(x)$.

那么非序偏好博弈 $\Gamma=(X_i, P_i)_{i\in N}$ 存在一个 Nash 均衡.

证明: 对任意 $i\in N$, 记
$$W_i = \{x\in X \mid P_i(x)\neq \varnothing\}.$$

由条件(ii), 可得

$$W_i = \{x \in X \mid P_i(x) \neq \varnothing\}$$
$$= \bigcup_{y_i \in X_i} \{x \in X \mid y_i \in P_i(x)\}$$
$$= \bigcup_{y_i \in X_i} P_i^{-1}(y_i)$$

在 X 中为开的. 由定理 1.12, $P_i|_{W_i}: W_i \rightrightarrows X_i$ 存在一个连续选择 $f_i: W_i \to X_i$, 即存在一个连续函数 $f_i: W_i \to X_i$ 使得

$$f_i(x) \in P_i(x), \ \forall x \in W_i.$$

进而定义集值映射 $F_i: X \rightrightarrows X_i$:

$$F_i(x) = \begin{cases} f_i(x) & x \in W_i, \\ X_i & x \notin W_i. \end{cases}$$

明显 F_i 为上半连续具有非空凸紧值.

定义集值映射 $F: X \rightrightarrows X$:

$$F(x) = \prod_{i \in N} F_i(x).$$

那么 F 为上半连续具有非空凸紧值, 而且 X 为非空凸紧的. 由定理 1.8, 存在 $x^* \in X$ 使得 $x^* \in F(x^*)$, 即

$$x_i^* \in F_i(x^*), \ \forall i \in N.$$

如果存在 $i \in N$, 使得 $x^* \in W_i$, 那么

$$x_i^* = f_i(x^*) \in P_i(x^*),$$

得到一个矛盾. 因此, $x^* \notin W_i, \ \forall i \in N$, 即

$$P_i(x^*) = \varnothing, \ \forall i \in N.$$

得证 x^* 为非序偏好博弈 $\Gamma = (X_i, P_i)_{i \in N}$ 的 Nash 均衡. 证毕.

第 3 讲
广义博弈的非合作均衡

广义博弈由参与人集合、参与人的策略集、可行策略映射以及效用函数或者偏好映射组成.利用 Kakutani 不动点定理,定理 3.1 和 3.2 分别在具有效用函数和偏好映射的广义博弈中证明了非合作均衡的存在性,并且定理 3.2 给出了两种不同的证明方式,最后论证了定理 3.1 和 3.2 的等价性.本讲内容主要参考文献为 Shafer 和 Sonnenschein(1975),Yuan 等(1998),俞建(2008,2011,2020).

设 $N = \{1, \cdots, n\}$ 为局中人集合.

对任意 $i \in N$,X_i 为局中人 i 的策略集;记

$$X = \prod_{i \in N} X_i,$$

$$X_{-i} = \prod_{j \in N \setminus \{i\}} X_j;$$

$u_i : X \to R$ 为局中人 i 的效用函数;

$G_i : X \rightrightarrows X_i$ 为局中人 i 的可行策略映射.

因此一个具有效用函数的广义博弈表示为

$$\Gamma = (X_i, G_i, u_i)_{i \in N}.$$

定义 3.1 如果存在策略组合 $x^* \in X$,使得对任意 $i \in N$,$x_i^* \in G_i(x^*)$ 且

$$u_i(x_i^*, x_{-i}^*) = \max_{y_i \in G_i(x^*)} u_i(y_i, x_{-i}^*),$$

则称 x^* 为广义博弈 $\Gamma = (X_i, G_i, u_i)_{i \in N}$ 的非合作均衡.

如果对任意 $i \in N$,局中人 i 的偏好由一个非序偏好映射 $P_i : X \rightrightarrows X_i$ 表示,此时一个具有非序偏好的广义博弈表示为

$$\Gamma = (X_i, G_i, P_i)_{i \in N}.$$

定义 3.2 如果存在策略组合 $x^* \in X$,使得对任意 $i \in N$,

$$x_i^* \in G_i(x^*), G_i(x^*) \cap P_i(x^*) = \varnothing,$$

则称 x^* 为广义博弈 $\Gamma = (X_i, G_i, P_i)_{i \in N}$ 的非合作均衡.

定理 3.1 广义博弈 $\Gamma = (X_i, G_i, u_i)_{i \in N}$ 满足下面条件:

(i) 对任意 $i \in N$,$X_i \subset R^{k_i}$ 为非空凸紧的;

(ii) 对任意 $i \in N$,G_i 为连续具有非空凸紧值;

(iii) 对任意 $i \in N$,u_i 为连续且对任意 $x_{-i} \in X_{-i}$,$u_i(\cdot, x_{-i})$ 为拟凹的.

那么广义博弈 $\Gamma = (X_i, G_i, u_i)_{i \in N}$ 存在一个非合作均衡.

证明:对任意 $i \in N$,定义集值映射 $F_i : X \rightrightarrows X_i$:

$$F_i(x) = \{y_i \in G_i(x) \mid u_i(y_i, x_{-i}) \geqslant u_i(z_i, x_{-i}), \forall z_i \in G_i(x)\}.$$

因为对任意 $i \in N$,u_i 为连续的,且 G_i 为非空紧值的,由定理 1.1,那么对任意 $x \in X$,$F_i(x)$ 为非空的.

对任意 $i \in N$,$x \in X$,$y_i^1, y_i^2 \in F_i(x)$,$t \in [0, 1]$,可得

$$y_i^1, y_i^2 \in G_i(x),$$

$$u_i(y_i^1, x_{-i}) = \max_{z_i \in G_i(x)} u_i(z_i, x_{-i}),$$

$$u_i(y_i^2, x_{-i}) = \max_{z_i \in G_i(x)} u_i(z_i, x_{-i}).$$

因对任意 $i \in N$, G_i 为非空凸值;对任意 $x_{-i} \in X_{-i}$, $u_i(\cdot, x_{-i})$ 为拟凹的,那么有

$$ty_i^1 + (1-t)y_i^2 \in G_i(x),$$

且

$$u_i(ty_i^1 + (1-t)y_i^2, x_{-i}) \geqslant \min\{u_i(y_i^1, x_{-i}), u_i(y_i^2, x_{-i})\}$$
$$\geqslant \max_{z_i \in G_i(x)} u_i(z_i, x_{-i}),$$

即得

$$u_i(ty_i^1 + (1-t)y_i^2, x_{-i}) = \max_{z_i \in G_i(x)} u_i(z_i, x_{-i}).$$

因此

$$ty_i^1 + (1-t)y_i^2 \in F_i(x).$$

得证 $F_i(x)$ 为凸的.

进一步,集值映射 F_i 的图表示为

$$Graph(F_i) = \{(x, y_i) \in X \times X_i \mid y_i \in G_i(x), u_i(y_i, x_{-i})$$
$$\geqslant u_i(z_i, x_{-i}), \forall z_i \in G_i(x)\}$$
$$= \{(x, y_i) \in X \times X_i \mid y_i \in G_i(x)\} \cap \{(x, y_i) \in X \times X_i \mid u_i(y_i, x_{-i})$$
$$\geqslant u_i(z_i, x_{-i}), \forall z_i \in G_i(x)\}$$
$$= Graph(G_i) \cap \{(x, y_i) \in X \times X_i \mid u_i(y_i, x_{-i})$$
$$\geqslant u_i(z_i, x_{-i}), \forall z_i \in G_i(x)\}.$$

因为 G_i 为连续具有非空紧值,且 X_i 为非空紧的,所以 $Graph(G_i)$ 为闭的. 假设

$$(x^m, y_i^m) \in \{(x, y_i) \in X \times X_i \mid u_i(y_i, x_{-i}) \geqslant u_i(z_i, x_{-i}), \forall z_i \in G_i(x)\},$$

且 $(x^m, y_i^m) \to (\bar{x}, \bar{y}_i) \in X \times X_i$,如果

$$(\bar{x}, \bar{y}_i) \notin \{(x, y_i) \in X \times X_i \mid u_i(y_i, x_{-i}) \geqslant u_i(z_i, x_{-i}), \forall z_i \in G_i(x)\},$$

那么存在 $\bar{z}_i \in G_i(\bar{x})$,使得

$$u_i(\bar{y}_i, \bar{x}_{-i}) < u_i(\bar{z}_i, \bar{x}_{-i}).$$

因 G_i 为连续的,那么存在序列 $z_i^m \in X_i$ 满足 $z_i^m \in G_i(x^m)$ 且 $z_i^m \to \bar{z}_i$. 因此对充分大的 m,由 u_i 的连续性可得 $z_i^m \in G_i(x^m)$,

$$u_i(y_i^m, x_{-i}^m) < u_i(z_i^m, x_{-i}^m),$$

即

$$(x^m, y_i^m) \notin \{(x, y_i) \in X \times X_i \mid u_i(y_i, x_{-i}) \geqslant u_i(z_i, x_{-i}), \forall z_i \in G_i(x)\}.$$

这是一个矛盾.因此得证

$$\{(x,y_i) \in X \times X_i \mid u_i(y_i, x_{-i}) \geqslant u_i(z_i, x_{-i}), \forall z_i \in G_i(x)\}$$

为 $X \times X_i$ 中闭集.所以 $Graph(F_i)$ 在 $X \times X_i$ 中为闭的.由定理1.2(ii),可得 F_i 为上半连续具有非空凸紧值.

定义集值映射 $F: X \rightrightarrows X$:

$$F(x) = \prod_{i \in N} F_i(x).$$

那么 F 为上半连续具有非空凸紧值,且 X 为非空凸紧的.由定理1.8,存在 $x^* \in X$,使得 $x^* \in F(x^*)$,即对任意 $i \in N$, $x_i^* \in G_i(x^*)$,

$$u_i(x_i^*, x_{-i}^*) = \max_{y_i \in G_i(x^*)} u_i(y_i, x_{-i}^*).$$

得证 x^* 为广义博弈 $\Gamma = (X_i, G_i, u_i)_{i \in N}$ 的非合作均衡.证毕.

定理 3.2 广义博弈 $\Gamma = (X_i, G_i, P_i)_{i \in N}$ 满足下面条件:

(i) 对任意 $i \in N$, $X_i \subset R^{k_i}$ 为非空凸紧值;

(ii) 对任意 $i \in N$, G_i 为连续具有非空凸紧值;

(iii) 对任意 $i \in N$, P_i 具有开图凸值且对任意 $x \in X$, $x_i \notin P_i(x)$.

那么广义博弈 $\Gamma = (X_i, G_i, P_i)_{i \in N}$ 存在一个非合作均衡.

证明 I:对任意 $i \in N$,定义函数 $u_i: X \times X_i \to R_+ = \{x \in R: x \geqslant 0\}$ 如下:

$$u_i(x, y_i) = d((x, y_i), Graph(P_i)^c).$$

明显

$$u_i(x, y_i) \geqslant 0, \forall (x, y_i) \in X \times X_i.$$

由 $x_i \notin P_i(x), \forall x \in X$,可得

$$u_i(x, x_i) = 0, \forall x \in X,$$

且 u_i 为连续的, $u_i(x, y) > 0$ 当且仅当 $y \in P_i(x)$.

对任给定 $x \in X$, $y_i^1, y_i^2 \in X_i$,不妨设

$$u_i(x, y_i^1) \geqslant u_i(x, y_i^2) = a > 0.$$

对任意 $t \in [0, 1]$,记 $y_i = t y_i^1 + (1-t) y_i^2$.对任意 $(x', z_i) \in X \times X_i$ 满足

$$\|(x', z_i) - (x, y_i)\| < a.$$

那么可得

$$\|(x', y_i^j + (z_i - y_i)) - (x, y_i^j)\|$$
$$= \|(x' - x, z_i - y_i)\|$$
$$= \|(x', z_i) - (x, y_i)\| < a, j = 1, 2.$$

联合 $u_i(x, y_i^1) \geqslant u_i(x, y_i^2) = a > 0$,即

$$u_i(x, y_i^1) = d((x, y_i^1), Graph(P_i)^c) \geqslant a,$$

$$u_i(x, y_i^2) = d((x, y_i^2), Graph\ (P_i)^c) = a,$$

可得

$$d((x', y_i^1 + (z_i - y_i)), Graph\ (P_i)^c) > 0,$$
$$d((x', y_i^2 + (z_i - y_i)), Graph\ (P_i)^c) > 0,$$

即

$$y_i^j + (z_i - y_i) \in P_i(x'),\ \forall j = 1, 2.$$

因为 $P_i(x')$ 为凸的, 所以有

$$\begin{aligned} z_i &= y_i + z_i - y_i \\ &= t[y_i^1 + (z_i - y_i)] + (1-t)[y_i^2 + (z_i - y_i)] \\ &\in P_i(x'), \end{aligned}$$

即

$$d((x', z_i), Graph\ (P_i)^c) > 0.$$

那么可得

$$\{(x', z_i) \in X \times X_i: \|(x', z_i) - (x, y_i)\| < a\} \cap Graph\ (P_i)^c = \varnothing,$$

可导出

$$d((x, y_i), Graph\ (P_i)^c) \geqslant a.$$

因而有

$$u_i(x, y_i) = d((x, y_i), Graph\ (P_i)^c) \geqslant a.$$

得证 $u_i(x, \cdot)$ 在 X_i 上为拟凹的.

对任意 $i \in N$, 定义集值映射 $F_i: X \rightrightarrows X_i$:

$$F_i(x) = \{y_i \in G_i(x) \mid u_i(x, y_i) = \max_{z_i \in G_i(x)} u_i(x, z_i)\}.$$

采用定理 3.1 中相同的分析过程, 可得 F_i 为上半连续具有非空凸紧值. 进一步定义集值映射 $F: X \rightrightarrows X$:

$$F(x) = \prod_{i \in N} F_i(x).$$

那么 F 为上半连续具有非空凸紧值, 且 X 为非空凸紧的. 由定理 1.8, 存在 $x^* \in X$ 使得 $x^* \in F(x^*)$, 即对任意 $i \in N$, $x_i^* \in G_i(x^*)$ 且

$$u_i(x^*, x_i^*) = \max_{y_i \in G_i(x^*)} u_i(x^*, y_i).$$

因 $u_i(x^*, x_i^*) = 0,\ \forall i \in N$, 且 $u_i(x, y_i) \geqslant 0,\ \forall (x, y_i) \in X \times X_i$, 可得

$$u_i(x^*, y_i) = 0,\ \forall y_i \in G_i(x^*),$$

即

$$G_i(x^*) \cap P_i(x^*) = \varnothing,\ \forall i \in N.$$

因此对任意 $i \in N$,
$$x_i^* \in G_i(x^*), G_i(x^*) \bigcap P_i(x^*) = \varnothing.$$

得证 x^* 为广义博弈 $\Gamma = (X_i, G_i, P_i)_{i \in N}$ 的一个非合作均衡. 证毕.

下面给出定理 3.2 的另一种证明形式.

证明 II: 对任意 $i \in N$, 对任意 $m > 0$, 定义

$$V_i^m = \left\{x_i \in R^{k_i} \,\Big|\, \|x_i\| < \frac{1}{m}\right\},$$

$$\bar{V}_i^m = clV_i^m,$$

$$V^m = \prod_{i \in N} V_i^m,$$

$$\bar{V}^m = \prod_{i \in N} \bar{V}_i^m.$$

对任意 $m > 0, i \in N$, 设

$$G_i^m(x) = (G_i(x) + V_i^m) \bigcap X_i, \forall x \in X,$$

$$\bar{G}_i^m(x) = (G_i(x) + \bar{V}_i^m) \bigcap X_i, \forall x \in X.$$

因 G_i 为下半连续,由定理 1.17,对任意 $y_i \in X_i$, $G_i^{m-1}(y_i)$ 在 X 中为开的. 由 G_i 为上半连续具有非空凸紧值,易得 $\bar{G}_i^m$ 为上半连续具有非空凸紧值,且 $G_i^m(x) \subset \bar{G}_i^m(x)$, G_i^m 为非空凸值的.

对任意 $i \in N$, 记

$$W_i^m = \{x \in X \mid G_i^m(x) \bigcap P_i(x) \neq \varnothing\}.$$

明显可得

$$W_i^m = \bigcup_{y_i \in X_i} \{x \in X \mid y_i \in G_i^m(x) \bigcap P_i(x)\}$$

$$= \bigcup_{y_i \in X_i} [G_i^{m-1}(y_i) \bigcap P_i^{-1}(y_i)].$$

结合 P_i 具有开图,可得 W_i^m 在 X 中为开的. 因对任意 $x \in X$, $G_i^m(x) \bigcap P_i(x)$ 为凸的,那么由定理 1.12,存在一个连续函数 $f_i: W_i^m \to X_i$ 使得

$$f_i(x) \in G_i^m(x) \bigcap P_i(x), \forall x \in W_i^m.$$

对任意 $i \in N$, 定义集值映射 $F_i: X \rightrightarrows X_i$:

$$F_i(x) = \begin{cases} f_i(x) & x \in W_i^m, \\ \bar{G}_i^m(x) & x \notin W_i^m. \end{cases}$$

那么 F_i 为上半连续具有非空凸紧值. 定义集值映射 $F: X \rightrightarrows X$:

$$F(x) = \prod_{i \in N} F_i(x).$$

因此, F 为上半连续具有非空凸紧值,且 X 为非空凸紧的. 由定理 1.8,存在 $x^m \in X$, 使得

$x^m \in F(x^m)$. 对任意 $i \in N$, 如果 $x^m \in W_i^m$, 那么
$$x_i^m = f_i(x^m) \in G_i^m(x^m) \bigcap P_i(x^m),$$
与
$$x_i \notin P_i(x), \forall x \in X$$
矛盾. 因而对任意 $i \in N$,
$$x_i^m \in \bar{G}_i^m(x^m), G_i^m(x^m) \bigcap P_i(x^m) = \varnothing.$$

因 X 为非空紧的, 不妨设 $x^m \to x^* \in X$. 当 $m \to +\infty$, 明显有
$$x_i^* \in G_i(x^*), \forall i \in N.$$

反证如果存在 $i \in N, y_i \in X_i$, 使得 $y_i \in G_i(x^*) \bigcap P_i(x^*)$. 因 G_i 为下半连续的, 那么存在序列 $\{y_i^m \in X_i\}$, 使得 $y_i^m \in G_i(x^m) \subset G_i^m(x^m)$ 且 $y_i^m \to y_i$, 因 P_i 具有开图, 所以对充分大的 m, 有
$$y_i^m \in P_i(x^m).$$
因而可得
$$y_i^m \in G_i^m(x^m) \bigcap P_i(x^m),$$
这与
$$G_i^m(x^m) \bigcap P_i(x^m) = \varnothing$$
矛盾. 因此, 对任意 $i \in N$,
$$x_i^* \in G_i(x^*), G_i(x^*) \bigcap P_i(x^*) = \varnothing.$$

得证 x^* 为广义博弈 $\Gamma = (X_i, G_i, P_i)_{i \in N}$ 的一个非合作均衡.

定理 3.1 和 3.2 是等价的, 下面用两个证明给出等价关系.

定理 3.2 $\Rightarrow$ 定理 3.1

证明: 对任意 $i \in N$, 定义集值映射 $P_i: X \rightrightarrows X_i$:
$$P_i(x) = \{y_i \in X_i \mid u_i(y_i, x_{-i}) \geqslant u_i(x)\}.$$

利用定理 3.1 中的条件 (iii), 可得 P_i 具有开图凸值, 且 $x_i \notin P_i(x), \forall x \in X$. 因此, 广义博弈 $\Gamma = (X_i, G_i, P_i)_{i \in N}$ 满足定理 3.2 的所有条件. 那么存在 $x^* \in X$, 使得对任意 $i \in N$,
$$x_i^* \in G_i(x^*), G_i(x^*) \bigcap P_i(x^*) = \varnothing.$$
即对任意 $i \in N$,
$$x_i^* \in G_i(x^*), u_i(x_i^*, x_{-i}^*) = \max_{y_i \in G_i(x^*)} u_i(y_i, x_{-i}^*).$$

得证 x^* 为广义博弈 $\Gamma = (X_i, G_i, u_i)_{i \in N}$ 的非合作均衡. 证毕.

定理 3.1 $\Rightarrow$ 定理 3.2

证明: 对任意 $i \in N$, 定义函数 $u_i: X \times X_i \to R$:
$$u_i(x, y_i) = d((x, y_i), \text{Graph}(P_i)^c).$$

由定理 3.2 证明中的论述，u_i 为连续的，且对任意 $x \in X$，$u_i(x, \cdot)$ 在 X_i 上拟凹的，
$$u_i(x, y_i) \geqslant 0, \quad \forall (x, y_i) \in X \times X_i,$$
且 $u_i(x, x_i) = 0, \forall x \in X$.

进一步，定义一个具有效用函数的广义博弈
$$\hat{\Gamma} = (\hat{Y}_i, \hat{G}_i, \hat{u}_i)_{i \in \{0\} \cup N},$$
这里
$$\hat{Y}_0 = X,$$
$$\hat{Y}_i = X_i,$$
$$\hat{G}_0(z, (x_j)_{j \in N}) = \hat{Y}_0, \quad \forall z \in \hat{Y}_0, \forall (x_j)_{j \in N} \in \prod_{j \in N} \hat{Y}_j,$$
$$\hat{u}_0(z, x) = -\|z - x\|, \quad \forall z \in X, \forall x \in X,$$
$$\hat{u}_i(z, y_i) = u_i(z, y_i), \quad \forall z \in X, \forall y_i \in X_i, \forall i \in N,$$
$$\hat{G}_i(z, (x_j)_{j \in N}) = G_i((x_j)_{j \in N}), \quad \forall (x_j)_{j \in N} \in X, \forall i \in N.$$

明显地，$\hat{u}_0$ 为连续的，且对任意 $x \in X$，$\hat{u}_0(\cdot, x)$ 在 $\hat{Y}_0$ 上拟凹的. 那么广义博弈 $\hat{\Gamma}$ 满足定理 3.1 的所有条件. 因此存在 $(z^*, x^*) \in X \times X$ 使得对任意 $i \in N$，$x_i^* \in G_i(x^*)$，
$$u_i(z^*, x_i^*) = \max_{y_i \in G_i(x^*)} u_i(z^*, y_i),$$
$$\hat{u}_0(z^*, x^*) = -\|z^* - x^*\|$$
$$= \max_{z \in X} \hat{u}_0(z, x^*)$$
$$= \max_{z \in X}\{-\|z - x^*\|\}$$
$$= 0.$$

因此可得 $z^* = x^*$，可推出对任意 $i \in N$，$x_i^* \in G_i(x^*)$ 且
$$0 = u_i(x^*, x_i^*) = \max_{y_i \in G_i(x^*)} u_i(x^*, y_i),$$
即对任意 $i \in N$，
$$x_i^* \in G_i(x^*), G_i(x^*) \cap P_i(x^*) = \varnothing.$$
得证 x^* 为广义博弈 $\Gamma = (X_i, G_i, P_i)_{i \in N}$ 的非合作均衡. 证毕.

第 4 讲
合作博弈中的核

本讲介绍具有特征函数形式的合作博弈,分别从可传递效用和非传递效用两个方面,给出核存在性定理,主要参考文献为 Scarf(1967),Shapley(1967),Ichiishi(1981),Shapley 和 Vohra(1991),Zhou(1994),Krasa 和 Yannelis(1994),Komiya(1994),Liu 和 Liu(2013),Liu 和 Tian(2014).

本讲首先介绍可传递效用合作博弈,并给出其中核存在性的证明.进一步,给出闭 KKMS 定理,在定理 4.2 中介绍四种不同的证明方式.在定理 4.3 和 4.4 中介绍 KKMS 定理的一个变形以及开 KKMS 定理.此外,本讲给出非传递效用合作博弈的定义,在 KKMS 定理的基础上,介绍非传递效用合作博弈中核存在性定理的三种证明形式.

设 $N=\{1,\cdots,n\}$ 为局中人集合.

$\mathcal{N}=\{B \mid B \subseteq N\}$ 表示联盟集.

定义 4.1 设 β 为 $\mathcal{N}$ 中一个非空集合,如果存在权重 $\{\lambda_B > 0 \mid B \in \beta\}$ 使得

$$\sum_{B \in \beta, B \ni i} \lambda_B = 1, \forall i \in N,$$

则称 β 为平衡的.

定义 4.2 一个可传递效用合作博弈表示为映射 $W:\mathcal{N} \to R$,其核定义为

$$C^{TU}(W) = \left\{x \in R^n : \sum_{i \in N} x_i = W(N), \sum_{i \in B} x_i \geqslant W(B), \forall B \in \mathcal{N}\right\}.$$

定义 4.3 如果 $\mathcal{N}$ 中的任意均衡集 β,且具有均衡权重 $\{\lambda_B > 0 \mid B \in \beta\}$,都有

$$\sum_{B \in \beta} \lambda_B W(B) \leqslant W(N),$$

则称 W 为平衡的.

定理 4.1 可传递效用合作博弈 W 具有一个非空核当且仅当 W 为平衡的.

证明:如果 $C^{TU}(W) \neq \varnothing$,当且仅当

$$W(N) = \min\left\{\sum_{i \in N} x_i : \sum_{i \in B} x_i \geqslant W(B), \forall B \in \mathcal{N}\right\}.$$

由定理 1.15,可得

$$W(N) = \max\left\{\sum_{B \in \beta} \lambda_B W(B) : \lambda_B > 0, \forall B \in \beta, \sum_{B \in \beta, B \ni i} \lambda_B = 1, \forall i \in N\right\}.$$

上式成立当且仅当

$$\sum_{B \in \beta} \lambda_B W(B) \leqslant W(N).$$

证毕.

在介绍非传递效用合作博弈之前,先展示一个重要的研究工具 KKMS 定理.首先记

$$\Delta^N = \left\{x \in R^n : x_i \geqslant 0, \forall i \in N; \sum_{i \in N} x_i = 1\right\};$$

$$\Delta^B = \{x \in \Delta^N \mid x_i = 0, \ \forall i \notin B\}, \ \forall B \in \mathcal{N};$$
$$m_i^B = \frac{1}{|B|}, \ \forall i \in B;$$
$$m_i^B = 0, \ \forall i \notin B;$$
$$\Delta^{N\setminus\{i\}} = \{x \in \Delta^N \mid x_i = 0\}.$$

明显，$\beta \subseteq \mathcal{N}$ 为平衡的当且仅当
$$m^N \in co\{m^B \mid B \in \beta\}.$$

定理 4.2(闭 KKMS 定理) $\{F_S \mid S \in \mathcal{N}\}$ 为 Δ^N 中的闭集簇，且满足
$$\Delta^S \subset \bigcup_{B \subseteq S} F_B, \ \forall S \in \mathcal{N},$$

那么存在 $\mathcal{N}$ 中的一个平衡集 β 使得
$$\bigcap_{S \in \beta} F_S \neq \emptyset.$$

证明 I：对任意 $x \in \Delta^N$，记
$$I(x) = \{S \in \mathcal{N}: x \in F_S\}.$$

利用
$$\Delta^S \subset \bigcup_{B \subseteq S} F_B, \ \forall S \in \mathcal{N},$$

明显 $I(x) \neq \emptyset, \ \forall x \in \Delta^N$. 定义集值映射 $\hat{F}, \hat{G}: \Delta^N \rightrightarrows \Delta^N$ 如下
$$\hat{G}(x) = co\{m^S \mid S \in I(x)\},$$
$$\hat{F}(x) = \{m^N\}.$$

明显 $\hat{F}$ 为上半连续具有非空凸紧值，$\hat{G}$ 为非空凸值，而且存在 R^n 中非空凸紧子集 V 使得 $\hat{G}(x) \subset V, \ \forall x \in \Delta^N$. 下面证明 $\hat{G}$ 为上半连续具有紧值.

对任给序列，
$$x^k \in \Delta^N, \ x^k \to \bar{x} \in \Delta^N,$$
$$y^k \in co\{m^S \mid S \in I(x^k)\}, \ \forall k,$$
$$y^k \to \bar{y}.$$

那么对任意 k，存在
$$\lambda_S^k > 0, \ \forall S \in I(x^k),$$
$$\lambda_S^k = 0, \ \forall S \in \mathcal{N} \setminus I(x^k),$$
$$\sum_{S \in \mathcal{N}} \lambda_S^k = \sum_{S \in I(x^k)} \lambda_S^k = 1,$$

使得
$$y^k = \sum_{S \in I(x^k)} \lambda_S^k m^S = \sum_{S \in \mathcal{N}} \lambda_S^k m^S.$$

因 $\lambda_S^k \in [0, 1]$, $\forall S \in \mathcal{N}$, 不失一般性, 假设

$$\lambda_S^k \to \bar{\lambda}_S \in [0, 1], \ \forall S \in \mathcal{N}.$$

记

$$I = \{S \in \mathcal{N} \mid \bar{\lambda}_S > 0\}.$$

因 $y^k \in \Delta^N$, $y^k \to \bar{y} \in \Delta^N$, 那么 $k \to +\infty$, 可得

$$\sum_{S \in I} \bar{\lambda}_S = 1$$

且

$$\bar{y} = \sum_{S \in \mathcal{N}} \bar{\lambda}_S m^S = \sum_{S \in I} \bar{\lambda}_S m^S.$$

下面验证 $I \subseteq I(\bar{x})$. 对任意 $S \in I$, 可得 $\bar{\lambda}_S > 0$, 那么存在 $k_0 > 0$, 使得

$$\lambda_S^k > 0, \ \forall k \geqslant k_0,$$

可以推出

$$S \in I(x^k), \ \forall k \geqslant k_0,$$
$$\Rightarrow x^k \in F_S, \ \forall k \geqslant k_0.$$

利用 $x^k \to \bar{x}$, F_S 为非空闭的, 那么 $k \to +\infty$ 时, 有 $\bar{x} \in F_S$, 即 $S \in I(\bar{x})$. 因此得证 $I \subseteq I(\bar{x})$. 那么有

$$\bar{y} = \sum_{S \in I} \bar{\lambda}_S m^S \in co\{m^S \mid S \in I(\bar{x})\}.$$

得证 $\hat{G}$ 为上半连续具有紧值. 综上, $\hat{G}$ 为上半连续具有非空凸紧值.

进一步, 对任意 $x \in \Delta^N$, 不失一般性我们记 $A = \{i \in N \mid x_i > 0\}$ 且 $|A| < n$. 因为

$$x \in \Delta^A \subset \bigcup_{B \subseteq A} F_B,$$

所以存在 $B \subseteq A$, 使得 $x \in F_B$, 即 $B \in I(x)$. 记

$$y^\lambda = x + \lambda(m^N - m^B).$$

找一个 $\lambda > 0$, 使得 $y^\lambda \in \Delta^N$ 即可.

首先有

$$y_i^\lambda = x_i + \lambda\left(\frac{1}{n} - \frac{1}{|B|}\delta_i^B\right), \ \forall i \in N,$$

$$\delta_i^B = \begin{cases} 1 & i \in B \\ 0 & i \notin B. \end{cases}$$

因而可得

$$\sum_{i \in N} y_i^\lambda = \sum_{i \in N} x_i + \lambda \sum_{i \in N}\left(\frac{1}{n} - \frac{1}{|B|}\delta_i^B\right) = 1.$$

对任意 $i \in N$, 为了 $y_i^\lambda \geqslant 0$, 只需

$$x_i + \lambda\left(\frac{1}{n} - \frac{1}{|B|}\delta_i^B\right) \geqslant 0, \ \forall i \in B,$$

$$\Leftrightarrow \lambda\left(\frac{1}{|B|}\delta_i^B - \frac{1}{n}\right) \leqslant x_i, \ \forall i \in B,$$

$$\Leftrightarrow \lambda \leqslant \frac{x_i}{\frac{1}{|B|} - \frac{1}{n}}, \ \forall i \in B.$$

如果 $i \notin B$，只需 $\lambda > 0$ 即可.

因此当取

$$\lambda \in \left(0, \min_{i \in B} \frac{x_i}{\frac{1}{|B|} - \frac{1}{n}}\right),$$

可得 $y^\lambda \in \Delta^N$.

由上面的分析，$(\hat{F}, \hat{G})$ 满足定理 1.10. 因此存在 $x^* \in \Delta^N$ 使得

$$\hat{F}(x^*) \bigcap \hat{G}(x^*) \neq \varnothing,$$

即

$$m^N \in co\{m^S \mid S \in I(x^*)\}.$$

我们得证 $\mathcal{N}$ 中集合 $\beta = \{S \mid S \in I(x^*)\}$ 为平衡的，而且

$$x^* \in \bigcap_{S \in \beta} F_S.$$

证毕.

证明 II：此证明不采用叠合点定理，将使用 Kakutani 不动点定理证明 KKMS 定理.

首先记

$$L(x) = \{B \in \mathcal{N} \mid x \in F_B\}.$$

定义集值映射 $G: \Delta^N \rightrightarrows \Delta^N$ 如下：

$$G(x) = co\{m^B \mid B \in L(x)\}.$$

由证明 I 中的论述，可得 G 为上半连续具有非空凸紧值.

进一步，定义

$$\tilde{\Delta}^N = \left\{x \in R^n : \sum_{i=1}^n x_i = 1, \ x_i \geqslant -1, \ \forall i = 1, \cdots, n\right\}.$$

明显观察可知

$$\Delta^N + \Delta^N - \Delta^N \subset \tilde{\Delta}^N.$$

下面定义映射 $h: \tilde{\Delta}^N \to \Delta^N$ 如下：

$$h(y) = (h_i(y))_{i \in N},$$

$$h_i(y) = \frac{\max\{y_i, 0\}}{\sum_{j \in N} \max\{y_j, 0\}}, \ \forall i \in N.$$

记
$$\widetilde{L}(y) = \{B \in L(h(y)) \mid y_i \geqslant 0, \forall i \in B\}, \forall y \in \widetilde{\Delta}^N.$$

进而定义集值映射 $\widetilde{G}: \widetilde{\Delta}^N \rightrightarrows \Delta^N$, $F: \widetilde{\Delta}^N \rightrightarrows \widetilde{\Delta}^N$ 如下:
$$\widetilde{G}(y) = co\{m^B \mid B \in \widetilde{L}(y)\}, \forall y \in \widetilde{\Delta}^N,$$
$$F(y) = h(y) + m^N - \widetilde{G}(y), \forall y \in \widetilde{\Delta}^N.$$

明显 F 为上半连续具有非空凸紧值, $\widetilde{\Delta}^N$ 为非空凸紧的, 而且对任意 $y \in \widetilde{\Delta}^N$, 有
$$F(y) = h(y) + m^N - \widetilde{G}(y)$$
$$\subset \Delta^N + \Delta^N - \Delta^N$$
$$\subset \widetilde{\Delta}^N.$$

因此,利用定理 1.8(Kakutani 不动点定理),存在 $x^* \in \widetilde{\Delta}^N$ 使得 $x^* \in F(x^*)$. 那么存在 $g \in \widetilde{G}(x^*)$ 使得
$$x^* = h(x^*) + m^N - g.$$

如果 $x^* \in \widetilde{\Delta}^N \setminus \Delta^N$, 那么存在 $i_0 \in N$ 使得 $x_{i_0}^* < 0$, 可推出
$$h_{i_0}(x^*) = 0.$$

由 $\widetilde{L}(x^*)$ 的定义, 对任意 $B \in \widetilde{L}(x^*)$ 必有 $i_0 \notin B$, 即可推出
$$m_{i_0}^B = 0.$$

那么可得 $g_{i_0} = 0$. 但是
$$x_{i_0}^* = h_{i_0}(x^*) + \frac{1}{n} - g_{i_0}$$
$$= \frac{1}{n}$$
$$> 0.$$

推出一个矛盾.

因此必定 $x^* \in \Delta^N$, 有 $x^* = h(x^*)$, 可导出
$$x^* \in h(x^*) + m^N - \widetilde{G}(x^*)$$
$$= x^* + m^N - \widetilde{G}(x^*),$$

可得
$$m^N \in \widetilde{G}(x^*)$$
$$= G(x^*)$$
$$= co\{m^B \mid B \in L(x^*)\}.$$

那么得证 $L(x^*)$ 为 $\mathcal{N}$ 中的平衡集, 且
$$x^* \in \bigcap_{B \in I(x^*)} F_B.$$

证毕.

证明Ⅲ：对任意 $x \in \Delta^N$. 记
$$I(x) = \{B \in \mathcal{N} \mid x \in F_B\}.$$

因为集合 $\{I(x) \mid x \in \Delta^N\}$ 为有限的,那么记
$$\{I(x): x \in \Delta^N\} = \{\beta_k: k=1, \cdots, p\}.$$

利用反证法,假设没有一个 β_k 为平衡的.因此,$\beta_k \neq \mathcal{N}$, $\forall k=1, \cdots, p$. 此外,我们可得对任意 $k=1, \cdots, p$, β_k 不能包括所有 $\{i\}$, $i=1, \cdots, n$, 且
$$\bigcup_{B \notin \beta_k} F_B \neq \varnothing.$$

定义连续函数 $\alpha_k: \Delta^N \to R_+$ 如下:
$$\alpha_k(x) = d\left(x, \bigcup_{B \notin \beta_k} F_B\right), \forall x \in \Delta^N, \forall k=1, \cdots, p.$$

因对任意 $k=1, \cdots, p$,
$$m^N \notin co\{m^B \mid B \in \beta_k\},$$

那么存在 $y^k \in R^n$, 使得
$$m^N \cdot y^k > m^B \cdot y^k, \forall B \in \beta_k.$$

因此构建连续函数 $f: \Delta^N \to R^n$ 如下:
$$f(x) = \sum_{k=1}^{p} \alpha_k(x) y^k.$$

此外,定义集值映射 $G: \Delta^N \rightrightarrows \Delta^N$ 如下:
$$G(x) = \left\{z \in \Delta^N \bigg| z \cdot f(x) = \max_{y \in \Delta^N}\{y \cdot f(x)\}\right\}.$$

明显可得 G 为上半连续具有非空凸紧值.利用定理 1.8,存在 $x^* \in \Delta^N$ 使得 $x^* \in G(x^*)$. 那么存在 $A_0 \in \mathcal{N}$ 使得 $\Delta^{A_0} = G(x^*)$ 且
$$x^* \in \Delta^{A_0} = G(x^*) \subset \bigcup_{B \subseteq A_0} F_B.$$

因此存在 $B_0 \subseteq A_0$ 使得 $x^* \in F_{B_0}$, 即 $B_0 \in I(x^*)$. 因 $I(x^*) \subset \beta_k$ 当且仅当
$$\alpha_k(x^*) > 0.$$

那么可得
$$m^N \cdot f(x^*) = m^N \cdot \sum_{k=1}^{p} \alpha_k(x^*) y^k$$
$$= \sum_{k=1}^{p} \{\alpha_k(x^*) m^N \cdot y^k\}$$
$$= \sum_{\{k: \alpha_k(x^*) > 0\}} \{\alpha_k(x^*) m^N \cdot y^k\}$$

$$> \sum_{k=1}^{p} \{\alpha_k(x^*) m^{B_0} \cdot y^k\}$$

$$= m^{B_0} \cdot \sum_{k=1}^{p} \alpha_k(x^*) y^k$$

$$= m^{B_0} \cdot f(x^*),$$

另一方面,
$$m^{B_0} \in \Delta^{B_0} \subset \Delta^{A_0} = G(x^*),$$

可得
$$m^{B_0} \cdot f(x^*) = \max_{z \in \Delta^N} \{z \cdot f(x^*)\}.$$

得到一个矛盾. 证毕.

证明 IV: 对任意 $x \in \Delta^N$, 记
$$I(x) = \{B \in \mathcal{N} \mid x \in F_B\}.$$

定义集值映射 $F: \Delta^N \rightrightarrows R^n$ 如下:
$$F(x) = co\{m^B \mid B \in I(x)\}.$$

明显有 F 为上半连续具有非空凸紧值.

反证对任意 $x \in \Delta^N$, $I(x)$ 都不是平衡的, 那么
$$m^N \notin co\{m^B \mid B \in I(x)\} = F(x).$$

利用凸集分离定理, 存在 $u \in R^n$ 使得
$$u \cdot y > u \cdot m^N, \quad \forall y \in F(x).$$

定义集值映射 $\varphi: \Delta^N \rightrightarrows R^n$ 如下:
$$\varphi(x) = \{u \in R^n \mid u \cdot y > u \cdot m^N, \forall y \in F(x)\}.$$

易得 φ 为非空凸值. 对任意 $u \in R^n$, $x \in \varphi^{-1}(u)$. 那么
$$\min_{y \in F(x)} \{u \cdot y\} > u \cdot m^N.$$

利用定理 1.5, 有
$$z \to \min_{y \in F(z)} \{u \cdot y\}$$

为下半连续的, 那么存在 x 的开邻域 $O(x)$ 使得对任意 $x' \in O(x)$,
$$\min_{y \in F(x')} \{u \cdot y\} > u \cdot m^N.$$

即 $O(x) \subset \varphi^{-1}(u)$. 由定理 1.12, 存在一个连续函数 $f: \Delta^N \to R^n$ 使得
$$f(x) \in \varphi(x), \quad \forall x \in \Delta^N.$$

即
$$f(x) \cdot y > f(x) \cdot m^N, \quad \forall y \in F(x), \forall x \in \Delta^N.$$

定义集值映射 $\psi: \Delta^N \rightrightarrows \Delta^N$ 如下:
$$\psi(x) = \{y \in \Delta^N \mid f(x) \cdot x > f(x) \cdot y\}.$$

明显, ψ 具有开图凸值, 且 $x \notin \psi(x), \forall x \in \Delta^N$.

由定理 1.9, 存在 $x^* \in \Delta^N$, 使得
$$\psi(x^*) = \varnothing,$$
即
$$f(x^*) \cdot x^* \leqslant f(x^*) \cdot y, \forall y \in \Delta^N.$$

明显存在 $A \in \mathcal{N}$ 使得 $x^* \in int\Delta^A$. 那么
$$f(x^*) \cdot y = f(x^*) \cdot x^*, \forall y \in \Delta^A.$$

由
$$\Delta^A \subset \bigcup_{B \subseteq A} F_B,$$

那么存在 $B \subseteq A$ 使得 $x^* \in F_B$, 即 $B \in I(x^*)$, 有 $m^B \in F(x^*)$. 因此可得
$$f(x^*) \cdot x^* = f(x^*) \cdot m^B > f(x^*) \cdot m^N.$$

这与
$$f(x^*) \cdot x^* \leqslant f(x^*) \cdot y, \forall y \in \Delta^N$$

矛盾. 证毕.

定理 4.3 (KKMS 定理的一个变形) $\{O_S \mid S \in \mathcal{N}\}$ 为 Δ^N 中的开集簇而且

(i)
$$\Delta^{N\setminus\{i\}} \subset O_{\{i\}}, \forall i \in N,$$

(ii)
$$\bigcup_{S \in \mathcal{N}} O_S = \Delta^N.$$

那么存在 $\mathcal{N}$ 中的平衡集 β 使得
$$\bigcap_{S \in \beta} O_S \neq \varnothing.$$

证明: 对任意 $k > 0, S \in \mathcal{N}$, 定义
$$F_S^k = \left\{x \in \Delta^N \mid d(x, \Delta^N \setminus O_S) \geqslant \frac{1}{k}\right\}.$$

设
$$\frac{1}{k} < \min_{i \in N} \min_{x \in \Delta^{N\setminus\{i\}}} d(x, \Delta^N \setminus O_{\{i\}}),$$

那么由
$$\Delta^{N\setminus\{i\}} \subset O_{\{i\}}, \forall i \in N,$$
可得
$$\Delta^{N\setminus\{i\}} \subset F_{\{i\}}^k \subset O_{\{i\}}, \forall i \in N.$$

下面我们验证充分大的 k,有
$$\bigcup_{S\in\mathcal{N}} F_S^k = \Delta^N.$$

利用反证法,对任意充分大 $k>0$,存在
$$y^k \in \Delta^N, y^k \notin \bigcup_{S\in\mathcal{N}} F_S^k.$$

利用 Δ^N 的紧性,不失一般性,假设 $y^k \to \bar{y} \in \Delta^N$. 因
$$\Delta^N = \bigcup_{S\in\mathcal{N}} O_S,$$

那么存在 $S \in \mathcal{N}$ 使得 $\bar{y} \in O_S$. 因 O_S 为开的,那么存在 $\varepsilon > 0$ 和 $\bar{y}$ 的一个开邻域 $U(\bar{y})$ 使得 $U(\bar{y}) \subset O_S$,且
$$d(z, \Delta^N \setminus O_S) \geqslant \varepsilon, \forall z \in U(\bar{y}).$$

那么对充分大的 $k>0$,有 $y^k \in U(\bar{y})$ 而且 $\varepsilon \geqslant \dfrac{1}{k}$,即可得
$$d(y^k, \Delta^N \setminus O_S) \geqslant \frac{1}{k}.$$

因此有 $y^k \in F_S^k$. 这是一个矛盾.

那么由上面的分析,我们选取一个充分大的 k,有 $\{F_S^k \mid S \in \mathcal{N}\}$ 为 Δ^N 中的闭集簇,
$$\Delta^{N\setminus\{i\}} \subset F_{\{i\}}^k \subset O_{\{i\}}, \forall i \in N,$$
$$\bigcup_{S\in\mathcal{N}} F_S^k = \Delta^N.$$

对任意 $x \in \Delta^N$,记
$$I(x) = \{S \in \mathcal{N} \mid x \in F_S^k\},$$

明显
$$I(x) \neq \varnothing, \forall x \in \Delta^N.$$

定义集值映射 $\hat{F}, \hat{G} : \Delta^N \rightrightarrows \Delta^N$ 如下:
$$\hat{F}(x) = co\{m^S \mid S \in I(x)\},$$
$$\hat{G}(x) = \{m^N\}.$$

利用定理 4.2 中的相同分析方式,得证 $\hat{F}, \hat{G}$ 为上半连续具有非空凸紧值.

进一步,对任意 $x \in \Delta^N$,记
$$A = \{i \in N \mid x_i > 0\}.$$

分两类情形讨论.

(a) 如果 $A = N$. 由
$$\bigcup_{S\in\mathcal{N}} F_S^k = \Delta^N,$$

那么存在 $S \in \mathcal{N}$ 使得 $x \in F_S^k$,即 $S \in I(x)$. 因此取充分小的 $\lambda > 0$,记
$$y^\lambda = x + \lambda(m^S - m^N).$$

易得
$$\sum_{i\in N}y_i^\lambda=1,$$

且当 λ 充分小时,$y^\lambda\in\Delta^N$.

(b) 如果 $A\neq N$, 即 $n>|N\backslash A|\geqslant 1$, 那么对任意 $i\in N\backslash A$, 因为 $x_i=0$, 且
$$\Delta^{N\backslash\{i\}}\subset F_{\{i\}}^k,$$

可推出 $x\in F_{\{i\}}^k$, 即
$$\{i\}\in I(x),\ \forall i\in N\backslash A.$$

因此,取
$$z=\sum_{i\in N\backslash A}c_i m^{\{i\}}\in\hat{F}(x).$$

这里
$$c_i>\frac{1}{n},\ \forall i\in N\backslash A,$$
$$\sum_{i\in N\backslash A}c_i=1.$$

记
$$y^\lambda=x+\lambda(z-m^N).$$

易得
$$\sum_{i\in N}y_i^\lambda=1.$$

取 $\lambda\in\left(0,\min_{i\in A}nx_i\right)$, 那么
$$\forall i\in A,\ y_i^\lambda=x_i-\frac{\lambda}{n}>0;$$
$$\forall i\in N\backslash A,\ y_i^\lambda=x_i+\lambda\left(c_i-\frac{1}{n}\right)=\lambda\left(c_i-\frac{1}{n}\right)>0.$$

因此可得 $y^\lambda\in\Delta^N$.

由上面的分析,$(\hat{F},\hat{G})$ 满足定理 1.10. 因此存在 $x^*\in\Delta^N$ 使得
$$\hat{F}(x^*)\bigcap\hat{G}(x^*)\neq\varnothing,$$

即
$$m^N\in co\{m^S\mid S\in I(x^*)\}.$$

那么集合
$$\beta=\{S\in\mathcal{N}\mid S\in I(x^*)\}$$

为 $\mathcal{N}$ 中的平衡集,且
$$x^*\in\bigcap_{S\in\beta}F_S^k\subset\bigcap_{S\in\beta}O_S.$$

证毕.

定理 4.4(开 KKMS 定理) $\{O_S \mid S \in \mathcal{N}\}$ 为 Δ^N 中的开集簇,而且

$$\Delta^S \subset \bigcup_{T \subseteq S} O_T, \ \forall S \in \mathcal{N}.$$

那么存在 $\mathcal{N}$ 中的一个平衡集 β 使得

$$\bigcap_{S \in \beta} O_S \neq \emptyset.$$

证明:对任意 $k > 0, S \in \mathcal{N}$, 定义

$$F_S^k = \left\{ x \in \Delta^N \,\bigg|\, d(x, \Delta^N \backslash O_S) \geqslant \frac{1}{k} \right\}.$$

明显 $F_S^k \subset O_S$. 我们验证对充分大的 k, 有

$$\Delta^S \subset \bigcup_{T \subseteq S} F_T^k, \ \forall S \in \mathcal{N}.$$

反证给定 $S \in \mathcal{N}$, 对任意充分大的 $k > 0$, 存在

$$y^k \in \Delta^S, \ y^k \notin \bigcup_{T \subseteq S} F_T^k.$$

利用 Δ^S 的紧性,不失一般性,设 $y^k \to \bar{y} \in \Delta^S$. 由

$$\Delta^S \subset \bigcup_{T \subseteq S} O_T,$$

那么存在 $T \subseteq S$ 使得 $\bar{y} \in O_T$. 因为 O_T 为开的,那么存在 $\varepsilon > 0$ 和 $\bar{y}$ 在 Δ^S 中的一个开邻域 $U(\bar{y})$ 使得 $U(\bar{y}) \subset O_T$, 且

$$d(z, \Delta^N \backslash O_T) \geqslant \varepsilon > 0, \ \forall z \in U(\bar{y}).$$

因此对充分大的 k, 有

$$y^k \in U(\bar{y}), \varepsilon \geqslant \frac{1}{k},$$

即可得

$$d(y^k, \Delta^N \backslash O_T) \geqslant \frac{1}{k}.$$

因此可得 $y^k \in F_T^k$. 这是一个矛盾.那么取充分大的 $k > 0$, 可得

$$F_S^k \subset O_S, \ \forall S \in \mathcal{N},$$

且闭集簇 $\{F_S^k \mid S \in \mathcal{N}\}$ 满足定理 4.2.所以存在一个 $\mathcal{N}$ 中的平衡集 β,满足

$$\bigcap_{S \in \beta} O_S \supset \bigcap_{S \in \beta} F_S^k \neq \emptyset.$$

证毕.

下面介绍非传递效用合作博弈,并利用 KKMS 定理证明核的存在性.

定义 4.4 一个非传递效用合作博弈定义为集值映射 $V: \mathcal{N} \rightrightarrows R^n$ 并且满足

(i) 对任意 $B \in \mathcal{N}, V(B)$ 为非空闭的;

(ii) 对任意 $B \in \mathcal{N}, x, y \in R^n, y \in V(B), x_i \leqslant y_i, \forall i \in N$, 有 $x \in V(B)$;

(iii) 对任意 $B \in \mathcal{N}$, x, $y \in R^n$, $y \in V(B)$, $x_i = y_i$, $\forall i \in B$, 有 $x \in V(B)$;
(iv) 对任意 $B \in \mathcal{N}$, 存在 $M^B > 0$ 使得如果 $x \in V(B)$, 那么 $x_i \leqslant M^B$, $\forall i \in B$;
(v) 对任意 $i \in N$, 存在 $b_i > 0$ 使得 $V(\{i\}) = \{x \in R^n \mid x_i \leqslant b_i\}$.

定义 4.5 非传递效用合作博弈的核定义为
$$C^{NTU}(V) = V(N) \setminus \bigcup_{B \in \mathcal{N}} int V(B).$$

定义 4.6 如果对 $\mathcal{N}$ 中的任意平衡集 β, 有
$$\bigcap_{B \in \beta} V(B) \subseteq V(N),$$
则称 V 为平衡的.

定理 4.5 任意平衡的非传递效用合作博弈有非空核.

证明 I: 取充分大 $M > 0$ 使得
$$\max\{M^B \mid B \in \mathcal{N}\} < M,$$
$$\max\{M^B \mid B \in \mathcal{N}\} - \{b_i \mid i \in N\} < M,$$
$$\bar{V}(B) = V(B) \cap [-M, M]^n \neq \emptyset, \forall B \in \mathcal{N}.$$

记
$$b = (b_i)_{i \in N},$$
$$e^i = (0, \cdots, 0, 1, 0, \cdots, 0),$$
$$e = (1, \cdots, 1),$$
$$\Delta = co\{-nMe^i \mid i \in N\}.$$

定义下面概念
$$\tau(x) = \max_{B \in \mathcal{N}} \max_{y \in \bar{V}(B)} \min_{i \in B}\{y_i - x_i - b_i\}, \forall x \in \Delta,$$
$$f(x) = x + b + \tau(x)e, \forall x \in \Delta,$$
$$F_B = \{x \in \Delta \mid f(x) \in \bar{V}(B)\}.$$

因对任意 $B \in \mathcal{N}$, $\bar{V}(B)$ 为非空紧的, 由定理 1.5, 那么 τ 为连续的. 因此可以导出 f 为连续的. 因此对任意 $B \in \mathcal{N}$, F_B 为闭的.

现在对任意 $A \in \mathcal{N}$, 任给 $x \in co\{-nMe^i \mid i \in A\}$, 存在 $B \in \mathcal{N}$, $y \in \bar{V}(B)$ 使得
$$\tau(x) = \min_{i \in B}\{y_i - x_i - b_i\},$$
即
$$x_i + b_i + \tau(x) \leqslant y_i, \forall i \in B.$$
可得
$$f(x) = x + b + \tau(x)e \in \bar{V}(B),$$
即 $x \in F_B$. 我们下面证 $B \subset A$.

首先证明 $f(x) \geqslant b$. 如果存在 $i_0 \in N$, 使得 $f_{i_0}(x) < b_{i_0}$, 那么有

$$x_{i_0} + b_{i_0} + \tau(x) < b_{i_0}.$$

因

$$\tau(x) = \max_{B \in \mathcal{N}} \max_{y \in \bar{V}(B)} \min_{i \in B} \{y_i - b_i - x_i\}$$
$$\geqslant \max_{y \in \bar{V}(\{i_0\})} \{y_{i_0} - b_{i_0} - x_{i_0}\},$$

所以

$$b_{i_0} > x_{i_0} + b_{i_0} + \tau(x)$$
$$\geqslant x_{i_0} + b_{i_0} + \max_{y \in \bar{V}(\{i_0\})} \{y_{i_0} - b_{i_0} - x_{i_0}\}$$
$$= x_{i_0} + b_{i_0} + b_{i_0} - b_{i_0} - x_{i_0}$$
$$= b_{i_0}.$$

得到一个矛盾.因而

$$f(x) \geqslant b.$$

不失一般性,设 $A \neq N$,即 $|A| < n$. 由

$$\sum_{i \in A} x_i = -nM,$$

必存在 $k \in A$ 使得 $x_k < -M$. 因而有

$$\tau(x) = \max_{B \in \mathcal{N}} \max_{y \in \bar{V}(B)} \min_{i \in B} \{y_i - b_i - x_i\}$$
$$\geqslant \max_{y \in \bar{V}(\{k\})} \{y_k - b_k - x_k\}$$
$$\geqslant b_k - b_k + M$$
$$> M.$$

再根据

$$x + b + \tau(x)e \in \bar{V}(B),$$

那么

$$x_i + b_i + \tau(x) \leqslant M^B, \ \forall i \in B,$$

可推出

$$x_i \leqslant M^B - b_i - \tau(x) < M - \tau(x) < 0, \ \forall i \in B.$$

那么可得 $B \subseteq A$,即有

$$co\{-nMe^i \mid i \in A\} \subset \bigcup_{B \subseteq A} F_B, \ \forall A \in \mathcal{N}.$$

利用 KKMS 定理(定理 4.2),存在 $\mathcal{N}$ 中的一个平衡集 β,使得

$$\bigcap_{B \in \beta} F_B \neq \varnothing.$$

即存在 $x^* \in \Delta$,使得

$$f(x^*) \in \bigcap_{B \in \beta} \bar{V}(B).$$

因
$$\bigcap_{B\in\beta} V(B) \subset V(N),$$
那么
$$\bigcap_{B\in\beta} \bar{V}(B) \subset \bar{V}(N),$$
可得 $f(x^*) \in \bar{V}(N)$. 我们验证 $f(x^*)$ 在 V 的核中. 反证, 如果存在 $B \in \mathcal{N}, y \in V(B)$, 使得
$$y_i > f_i(x^*),\ \forall i \in B.$$
因 $f(x^*) \in \bar{V}(N)$, 有
$$f_i(x^*) \geqslant -M,\ \forall i \in N,$$
有
$$y_i \in [-M, M],\ \forall i \in B,$$
$$\bar{y} = ((y_i)_{i\in B}, (-M)_{i\notin B}) \in \bar{V}(B),$$
而且
$$\bar{y}_i > f_i(x^*),\ \forall i \in B,$$
即
$$\min_{i\in B}\{\bar{y}_i - b_i - x_i^*\} > \min_{i\in B}\{f_i(x^*) - b_i - x_i^*\}$$
$$= \tau(x^*)$$
$$\geqslant \max_{y\in \bar{V}(B)} \min_{i\in B}\{y_i - b_i - x_i^*\}.$$
这是一个矛盾. 证毕.

证明 Ⅱ: 下面利用开 KKMS 定理证明非传递效用合作博弈的核存在性.

记 $Bd(V(N))$ 为 $V(N)$ 的边界,
$$G = Bd(V(N)) \bigcap R_+^n.$$
对任意 $S \in \mathcal{N}$, 记
$$U_S = int V(S) \bigcap G.$$
明显 U_S 在 G 中为开的. 因为对任意 $i \in N$,
$$V(\{i\}) = \{x \in R^n \mid x_i \leqslant b_i\},\ b_i > 0,$$
那么有
$$G \bigcap \{x \in R^n \mid x_i = 0\} \subset U_{\{i\}},\ \forall i \in N.$$
我们下面验证对任意 $\mathcal{N}$ 中平衡集 β, 有
$$\bigcap_{S\in\beta} U_S = \varnothing.$$
反证, 如果存在 $\mathcal{N}$ 中平衡集 $\beta, x \in R^n$ 使得
$$x \in \bigcap_{S\in\beta} U_S.$$

因 $x \in intV(S)$，$\forall S \in \beta$，存在 x 的一个开邻域 $O(x)$ 使得

$$O(x) \subset intV(S), \forall S \in \beta.$$

利用 V 的平衡性，可得 $O(x) \subset V(N)$. 但是因

$$x \in U_S \subset G, \forall S \in \beta,$$

可得 $x \in Bd(V(N))$. 所以必存在 $z \in O(x)$ 使得 $z \notin V(N)$. 得到一个矛盾.

因为

$$C^{NT}(V) = V(N) \setminus \bigcup_{S \in \mathcal{N}} intV(S),$$

可得

$$C^{NT}(V) = (V(N) \bigcap G) \setminus (\bigcup_{S \in \mathcal{N}} intV(S) \bigcap G)$$

$$= G \setminus \bigcup_{S \in \mathcal{N}} (intV(S) \bigcap G)$$

$$= G \setminus \bigcup_{S \in \mathcal{N}} U_S.$$

反证. 如果 $C^{NT}(V) = \varnothing$，可得

$$\bigcup_{S \in \mathcal{N}} U_S = G.$$

定义映射 $g: G \to \Delta^N$ 如下：

$$g(x) = \frac{x}{\sum_{i \in N} x_i},$$

$$\Delta^N = \left\{ x \in R_+^n : \sum_{i \in N} x_i = 1 \right\}.$$

明显 g 为 G 到 Δ^N 的一个同胚映射. 记

$$\Delta^N = g(G),$$

$$O_S = g(U_S), \forall S \in \mathcal{N}.$$

那么对任意 $S \in \mathcal{N}$，有 O_S 为开的，而且

$$\Delta^{N \setminus \{i\}} = g(G \bigcap \{x \in R^n \mid x_i = 0\})$$

$$\subset g(U_{\{i\}})$$

$$= O_{\{i\}},$$

$$\bigcup_{S \in \mathcal{N}} O_S = \bigcup_{S \in \mathcal{N}} g(U_S)$$

$$\subset g\left(\bigcup_{S \in \mathcal{N}} U_S\right)$$

$$= g(G)$$

$$= \Delta^N.$$

由定理 4.3,存在 $\mathcal{N}$ 中的一个平衡集 β 使得

$$\bigcap_{S\in\beta} O_S \neq \varnothing,$$

即存在 $\eta \in \Delta^N$ 使得

$$\eta \in \bigcap_{S\in\beta} g(U_S).$$

那么对任意 $S \in \beta$,存在 $y^S \in U_S$ 使得 $\eta = g(y^S)$. 可导出:

$$y^S = g^{-1}(\eta), \ \forall S \in \beta,$$

即

$$g^{-1}(\eta) \in \bigcap_{S\in\beta} U_S.$$

这是一个矛盾. 证毕.

证明 III:也可采用 Kakutani 不动点定理证明非传递效用合作博弈核的存在性.
定义

$$q = \max\{M^B \mid B \in \mathcal{N}\} + 1,$$
$$Q = \{x \in R^n \mid x_i \leqslant q, \ \forall i \in N\},$$
$$W = \Big(\bigcup_{B\in\mathcal{N}} V(B)\Big) \cap Q.$$

明显如果

$$u \in \partial W, v_i > u_i, \ \forall i \in N,$$

那么 $v \notin W$.

因对任意 $i \in N$,

$$V(\{i\}) = \{x \in R^n \mid x_i \leqslant b_i\},$$

这里 $b_i > 0$,那么可得

$$(b_i, (q)_{j\neq i}) \in W, \ \forall i \in N.$$

我们可得如果 $u \in \partial W$,且存在 $j \in N$, $u_j = 0$,那么必存在 $i \in N$ 使得 $u_i = q$. 如果此论述不成立,那么

$$u_i < q, \ \forall i \in N.$$

可得

$$(u_j, u_{-j}) = (0, u_{-j}) < (b_j, (q)_{i\neq j}).$$

上式可推出 $u \in int V(\{j\})$. 与 $u \in \partial W$ 矛盾.

为了证明核的存在性,只需证明存在 $\mathcal{N}$ 中一个平衡集 β 和 $\tilde{u} \in \partial W$,使得

$$\tilde{u} \in \bigcap_{B\in\beta} V(B).$$

定义映射 $f: \Delta^N \to \partial W$ 如下:

$$f(x) = \{y \in \partial W \mid y = tx, \ \exists t \geqslant 0\}.$$

下面验证 f 是有意义的且连续的.对任意 $x \in \Delta^N$,有
$$n(q+1)x \notin W.$$
否则如果
$$n(q+1)x \in W,$$
有
$$n(q+1)x_i \leqslant q, \ \forall i \in N,$$
相加得
$$n(q+1) \leqslant nq.$$
这是一个矛盾.

又因为
$$V(\{i\}) = \{x \in R^n \mid x_i \leqslant b_i\}, \ \forall i \in N,$$
这里 $b_i > 0$. 那么 $0 \in intW$,必存在
$$t \in [0, n(q+1)],$$
使得 $tx \in \partial W$. 因而 $f(x)$ 为非空的,而且可得
$$\{t \in R_+ \mid tx \in \partial W\} \subseteq [0, n(q+1)].$$
为有界的.

因此存在 R^n 中非空紧集 Ω 使得
$$f(x) \in \Omega, \ \forall x \in \Delta^N.$$
对任意
$$x^m \in \Delta^N, x^m \to x \in \Delta^N,$$
$$y^m \in f(x^m), y^m \to y \in \partial W,$$
那么存在
$$t^m \in [0, n(q+1)]$$
使得
$$y^m = t^m x^m.$$
不失一般性设
$$t^m \to t \in [0, n(q+1)].$$
当 $m \to +\infty$,有
$$y^m \to y, \ t^m x^m \to tx,$$
即 $y = tx$. 可得 $y \in f(x)$. 得证 f 的图为闭的,因此 f 为上半连续的.

下面验证 f 为单值的.反证如果存在
$$x \in \Delta^N, y^1 \in f(x), y^2 \in f(x),$$
$$y^1 = t^1 x, y^2 = t^2 x, t^2 > t^1.$$

如果 $x \in int\Delta^N$，那么
$$y_i^2 > y_i^1, \ \forall i \in N.$$
由 $y^1 \in \partial W$，推出 $y^2 \notin W$，与 $y^2 \in \partial W$ 矛盾. 现在记
$$I = \{i \in N: x_i > 0\},$$
$$x_k = 0, \ \forall k \notin I,$$
$$|I| < n.$$
那么有
$$y_i^1 = t^1 x_i < t^2 x_i = y_i^2, \ \forall i \in I.$$
因
$$y_i^2 = t^2 x_i \leqslant q, \ \forall i \in N,$$
可得
$$y_i^1 < q, \ \forall i \in I;$$
$$y_k^1 = t^1 x_k = 0, \ \forall k \notin I.$$
由前面的论述，因为
$$y^1 \in \partial W, \ y_k^1 = 0, \ \forall k \notin I,$$
那么必存在 $i \in N$ 使得 $y_i^1 = q$. 得到一个矛盾. 因此得证 f 为单值的. 结合 f 的上半连续性，可得 f 为连续的.

定义集值映射 $G: \Delta^N \rightrightarrows \Delta^N$ 如下：
$$G(x) = co\{m^B \mid f(x) \in V(B)\}.$$
明显 G 为非空值的，对任意
$$x^m \in \Delta^N, \ x^m \to x \in \Delta^N, \ y^m \in G(x^m), \ y^m \to y,$$
那么存在 $\lambda_B^m \in [0,1], \forall B \in \mathcal{N}$ 满足
$$\lambda_B^m > 0 \Leftrightarrow f(x^m) \in V(B),$$
$$\lambda_B^m = 0 \Leftrightarrow f(x^m) \notin V(B),$$
$$y^m = \sum_{B \in \mathcal{N}} \lambda_B^m m^B.$$
由 $\lambda_B^m \in [0,1], \forall B \in \mathcal{N}$. 不失一般性设 $\lambda_B^m \to \lambda_B \in [0,1]$. 记
$$I_1 = \{B \in \mathcal{N} \mid \lambda_B > 0\}.$$
对任意 $B \in I_1$，存在 $m_0 > 0$ 使得
$$\lambda_B^m > 0, \ \forall m > m_0,$$
可得对任意 $m > m_0$,
$$f(x^m) \in V(B).$$

由 f 为连续的，$V(B)$ 为非空闭的，当 $m \to +\infty$，有 $f(x) \in V(B)$，可推出

$$B \in \{S \in \mathcal{N} \mid f(x) \in V(S)\}.$$

因此当 $m \to +\infty$，有

$$y = \sum_{B \in \mathcal{N}} \lambda_B m^B$$

$$= \sum_{B \in I_1} \lambda_B m^B$$

$$\in co\{m^S \mid f(x) \in V(S)\}.$$

得证 $y \in G(x)$. 因此 G 为上半连续具有紧值.

由上面分析，G 为上半连续具有非空凸紧值.

进一步，定义函数 $h: \Delta^N \times \Delta^N \to \Delta^N$ 如下：

$$h(x, g) = (h_i(x, g))_{i \in N},$$

$$h_i(x, g) = \frac{x_i + \max\left\{g_i - \frac{1}{n}, 0\right\}}{1 + \sum_{j \in N} \max\left\{g_j - \frac{1}{n}, 0\right\}}, \quad \forall i \in N.$$

明显 h 为连续的，那么

$$h \times G: \Delta^N \times \Delta^N \rightrightarrows \Delta^N \times \Delta^N$$

满足 Kakutani 不动点定理.

因此存在 $(x^*, g^*) \in \Delta^N \times \Delta^N$ 使得

$$x^* = h(x^*, g^*), \quad g^* \in G(x^*),$$

即有

$$x_i^* = \frac{x_i^* + \max\left\{g_i^* - \frac{1}{n}, 0\right\}}{1 + \sum_{j \in N} \max\left\{g_j^* - \frac{1}{n}, 0\right\}}, \quad \forall i \in N,$$

$$\Rightarrow x_i^* \sum_{j \in N} \max\left\{g_j^* - \frac{1}{n}, 0\right\} = \max\left\{g_i^* - \frac{1}{n}, 0\right\}, \quad \forall i \in N.$$

下面验证 $g^* = m^N$. 反证如果 $g^* \neq m^N$，那么有

$$\sum_{j \in N} \max\left\{g_j^* - \frac{1}{n}, 0\right\} > 0.$$

记

$$J = \{i \in N: x_i^* > 0\},$$
$$K = \{k \in N: x_k^* = 0\}.$$

明显对任意 $i \in J$,

$$\max\left\{g_i^* - \frac{1}{n},\ 0\right\} = x_i^* \sum_{j \in N} \max\left\{g_j^* - \frac{1}{n},\ 0\right\} > 0.$$

得到
$$g_i^* > \frac{1}{n}.$$

进一步,因为 $g^* \in \Delta^N$, $g^* \neq m^N$, 那么
$$\sum_{j \in N} \max\left\{g_j^* - \frac{1}{n},\ 0\right\} > 0.$$

我们断言 $K \neq \varnothing$. 否则如果 $K = \varnothing$, 那么 $x_i^* > 0$, $\forall i \in N$. 因为
$$x_i^* \sum_{j \in N} \max\left\{g_j^* - \frac{1}{n},\ 0\right\} = \max\left\{g_i^* - \frac{1}{n},\ 0\right\},\ \forall i \in N,$$

可得
$$g_i^* > \frac{1}{n},\ \forall i \in N.$$

这与 $g^* \in \Delta^N$, 即 $\sum_{i \in N} g_i^* = 1$, 是一个矛盾. 因此 $K \neq \varnothing$.

因 $g^* \in G(x^*) = co\{m^S \mid f(x^*) \in V(S)\}$ 且
$$g_i^* > \frac{1}{n} > 0,\ \forall i \in J,$$

那么对任意 $i \in J$ 存在 $B \ni i$ 使得
$$f(x^*) \in V(B),$$

可得
$$f_i(x^*) < q,\ \forall i \in J.$$

又结合 $f_k(x^*) = 0$, $\forall k \in K$, 由上面的分析, 存在 $j \in N$ 使得 $f_j(x^*) = q$. 这是一个矛盾. 因此得证 $g^* = m^N$. 因此得到
$$m^N = g^* \in G(x^*) = co\{m^B \mid f(x^*) \in V(B)\}.$$

记
$$\beta = \{B \in \mathcal{N} \mid f(x^*) \in V(B)\}$$

为 $\mathcal{N}$ 中的一个平衡集, $u^* = f(x^*)$. 那么利用合作博弈 V 的平衡性, 有
$$u^* = f(x^*)$$
$$\in \bigcap_{B \in \beta} V(B)$$
$$\subset V(N).$$

下面验证 u^* 在非传递效用合作博弈 V 的核中.

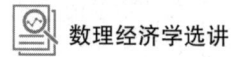

反证如果存在 $B \in \mathcal{N}$, $v \in V(B)$ 使得
$$v_i > u_i^*, \ \forall i \in B.$$
明显可构建
$$\bar{v} \in R^n, \ \bar{v}_B = v_B, \ v_i = q, \ \forall i \in B.$$
那么 $\bar{v} \in V(B) \subset W$ 而且 $\bar{v}_i > u_i^*$, $\forall i \in B$. 这与 $u^* \in \partial W$ 矛盾. 证毕.

第 5 讲
规范型博弈中的 α 核

本讲在规范型博弈的框架下给出 α 核的定义,主要应用第四章中的定理 4.5 证明 α 核的存在性,并把相关存在性结论应用到寡头市场中.本讲内容主要参考了文献 Aumann(1961),Scarf(1971),Zhao(1997).

设 $N=\{1,\cdots,n\}$ 为局中人集合,
$\mathcal{N}=\{B \mid B \subseteq N\}$ 为联盟集合.

对任意 $i \in N$,局中人 i 有一个策略集 X_i;记

$$X = \prod_{i \in N} X_i,$$

$$X_B = \prod_{i \in B} X_i,$$

$$X_{-B} = \prod_{i \notin B} X_i, \forall B \in \mathcal{N};$$

局中人 i 有一个效用函数 $u_i: X \to R$.

此时,一个规范型博弈可表示为

$$\Gamma = (X_i, u_i)_{i \in N}.$$

定义 5.1 如果存在策略组合 $x^* \in X$,使得对任意 $B \in \mathcal{N}$,都不存在 $y_B \in X_B$ 满足

$$u_i(y_B, z_{-B}) > u_i(x^*), \forall z_{-B} \in X_{-B}, \forall i \in B,$$

则称 x^* 在规范型博弈 $\Gamma = (X_i, u_i)_{i \in N}$ 的 α 核中.

可以清晰看出,α 核与 Nash 均衡为不同的解概念.Nash 均衡着眼于个人策略,而 α 核描述了每一个联盟都不存在联盟策略,不管联盟外的人如何决策,都能同时改进联盟内所有个体的状态.

定理 5.1 规范型博弈 $\Gamma = (X_i, u_i)_{i \in N}$ 满足下面条件:
(i) 对任意 $i \in N$,$X_i \subseteq R^{k_i}$ 为非空凸紧的;
(ii) 对任意 $i \in N$,u_i 为连续拟凹的.
那么 Γ 具有一个非空的 α 核.

证明: 本定理将利用 Scarf(1967)中的非传递效用核存在性定理(定理 4.5)加以证明.

首先定义一个集值映射 $V: \mathcal{N} \rightrightarrows R^n$:

$$V(B) = \{\omega \in R^n \mid \exists y_B \in X_B, s.t., \min_{z_{-B} \in X_{-B}} u_i(y_B, z_{-B}) \geqslant \omega_i, \forall i \in B\}, \forall B \in \mathcal{N} \setminus \{N\},$$

$$V(N) = \{\omega \in R^n \mid \exists y \in X, s.t., u_i(y) \geqslant \omega_i, \forall i \in N\}.$$

因为对任意 $i \in N$,u_i 为连续的,所以明显地,对任意 $B \in \mathcal{N}$,$V(B) \subset R^n$ 为非空闭的.根据 $V(B)$ 的定义,明显对任意 $B \in \mathcal{N}$,如果 $\omega, v \in R^n$ 满足

$$\omega \in V(B), \omega_i = v_i, \forall i \in B,$$

可得 $v \in V(B)$.

如果 $\omega, v \in R^n$ 满足

$$\omega \in V(B), v_i \leqslant \omega_i, \forall i \in N,$$

可得 $v \in V(B)$.

此外,因对任意 $i \in N$, u_i 为连续的,那么存在 $M > 0$ 使得

$$\max_{i \in N} \max_{x \in X} \mid u_i(x) \mid \leqslant M.$$

因此,对任意 $B \in \mathcal{N}$,任意 $\omega \in V(B)$,可得

$$\omega_i \leqslant M, \forall i \in B.$$

由上面的论述,V 为一个非传递效用合作博弈.

我们下面论证 V 为平衡的. 任给定 $\mathcal{N}$ 中的一个平衡集 β,而且拥有平衡权重 $\{\lambda_B > 0 \mid B \in \beta\}$. 任取

$$\omega \in \bigcap_{B \in \beta} V(B),$$

那么对任意 $B \in \beta$,存在 $y_B \in X_B$,使得

$$\min_{z_{-B} \in X_{-B}} u_i(y_B, z_{-B}) \geqslant \omega_i, \forall i \in B.$$

设 $y' \in X$ 使得

$$y'_i = \sum_{B \in \beta, B \ni i} \lambda_B (y_B)_i, \forall i \in N.$$

我们任意固定 $i \in N$,此时 y' 可以表示为

$$y' = \sum_{B \in \beta, B \ni i} \lambda_B \bar{y}^B,$$

此时 $\bar{y}^B \in X$,

$$\bar{y}^B_j = (y_B)_j, \forall j \in B,$$

$$\bar{y}^B_j = \frac{\sum_{C \in \beta, C \ni j, C \not\ni i} \lambda_C (y_C)_j}{\sum_{C \in \beta, C \ni j, C \not\ni i} \lambda_C}, \forall j \notin B.$$

那么,因为 u_i 为拟凹的,可得

$$u_i(y') = u_i\Big(\sum_{B \in \beta, B \ni i} \lambda_B \bar{y}^B\Big)$$

$$\geqslant \min\{u_i(\bar{y}^B) : B \in \beta, B \ni i\}$$

$$\geqslant \min\{\min_{z_{-B} \in X_{-B}} u_i(y_B, z_{-B}) \mid B \in \beta, B \ni i\}$$

$$\geqslant \omega_i.$$

因此 $\omega \in V(N)$,即

$$\bigcap_{B \in \beta} V(B) \subseteq V(N).$$

得证 V 为平衡的.

由上面的分析,非传递效用合作博弈 V 满足定理 4.5 的条件. 因此存在 $\omega^* \in R^n$ 使得

$$\omega^* \in V(N) \backslash \bigcup_{B \in \mathcal{N}} int V(B).$$

由 $\omega^* \in V(N)$,那么存在 $x^* \in X$ 使得

$$u_i(x^*) \geqslant \omega_i, \forall i \in N.$$

我们验证 x^* 在 Γ 的 α 核.反证,如果存在 $B \in \mathcal{N}, y_B \in X_B$,使得

$$u_i(y_B, z_{-B}) > u_i(x^*), \forall z_{-B} \in X_{-B}, \forall i \in B.$$

因对任意 $i \in N$, u_i 为连续的,且 X_{-B} 为紧的,那么可得

$$\min_{z_{-B} \in X_{-B}} u_i(y_B, z_{-B}) > u_i(x^*) \geqslant \omega_i^*, \forall i \in B,$$

即 $\omega^* \in int V(B)$.这是一个矛盾,证毕.

寡头市场中的非传递效用合作解为 α 核的一个重要应用.Zhao(1997)给出了相应的结果.

设 $N = \{1, \cdots, n\}$ 为厂商集合,

$\mathcal{N} = \{B \mid B \subseteq N\}$ 为联盟集合,

每一个厂商 $i \in N$ 有一个产量约束 $\bar{y}_i > 0$,

记 $X_i = [0, \bar{y}_i]$ 为厂商的 i 的产量策略,

$$X = \prod_{i \in N} X_i,$$

$$X_B = \prod_{i \in B} X_i,$$

$$X_{-B} = \prod_{i \notin B} X_i, \forall B \in \mathcal{N},$$

记 $C_i : X_i \to R$ 为厂商 i 的生产成本函数,

对市场的产量策略组合 $x = (x_1, \cdots, x_n) \in X$, $\sum_{i \in N} x_i$ 表示市场中的产品总量,产品价格由需求函数 $p = p(\sum_{i \in N} x_i)$ 给出.

由上面的论述,厂商 i 的利润函数为

$$\pi_i(x) = x_i p\Big(\sum_{j \in N} x_j\Big) - C_i(x_i), \forall x \in X.$$

因此,寡头市场可由一个规范型博弈 $\Gamma = (X_i, \pi_i)_{i \in N}$ 表述.

定义 5.2 如果策略组合 $x^* \in X$,对任意 $B \in \mathcal{N}$,都不存在 $y_B \in X_B$ 使得

$$\pi_i(y_B, z_{-B}) > \pi_i(x^*), \forall z_{-B} \in X_{-B}, \forall i \in B,$$

则称 x^* 为寡头市场中的 α 核中.

下面定理的证明过程与定理 5.1 是相同的,也可以参见 Zhao(1997)中的定理 1 和 2.

定理 5.2 如果对任意 $i \in N$,利润函数 π_i 在 X 上是连续拟凹的,那么寡头市场有一个非空的 α 核.

定理 5.3 如果所有的成本函数和反需求函数是线性的,那么寡头市场有一个非空的 α 核.

第 6 讲
具有非序偏好博弈的 α 核

本讲在非序偏好博弈的框架下定义出 α 核,并给出了相应的存在性证明.进一步,在具有偏好映射的广义博弈中也可以定义 α 核,利用相同的证明方式,其存在性定理也能得到.本讲内容主要参考了文献 Border(1984) 和 Kajii(1992).

设 $N=\{1,\cdots,n\}$ 为局中人集合,
$\mathcal{N}=\{B\mid B\subseteq N\}$ 为联盟集.

对任意 $i\in N$,X_i 为局中人 i 的策略集,记

$$X=\prod_{i\in N}X_i,$$

$$X_B=\prod_{i\in B}X_i,$$

$$X_{-B}=\prod_{i\notin B}X_i,\ \forall B\in\mathcal{N};$$

局中人 i 有一个非序偏好映射 $P_i:X\rightrightarrows X$. $y\in P_i(x)$ 表示局中人 i 相对于 x 更偏好 y,这里的偏好 P_i 具有外部性.

此时具有非序偏好的博弈可表示为 $\varGamma=(X_i,P_i)_{i\in N}$.

定义 6.1 如果存在策略组合 $x^*\in X$,对任意 $B\in\mathcal{N}$,都不存在 $y_B\in X_B$ 满足

$$\{y_B\}\times X_{-B}\subset P_i(x^*),\ \forall i\in B,$$

我们称 x^* 在博弈 $\varGamma=(X_i,P_i)_{i\in N}$ 的 α 核中.

定理 6.1 具有非序偏好的博弈 $\varGamma=(X_i,P_i)_{i\in N}$ 满足下面条件:
(i) 对任意 $i\in N$,$X_i\subset R^{k_i}$ 为非空凸紧的;
(ii) 对任意 $i\in N$,P_i 具有 $X\times X$ 中的开图凸值,且 $x\notin P_i(x)$,$\forall x\in X$.
那么博弈 $\varGamma=(X_i,P_i)_{i\in N}$ 有一个非空的 α 核.

证明:对任意 $i\in N$,定义局中人 i 的伪效用函数 $u_i:X\times X\to R$ 如下:

$$u_i(x,y)=d((x,y),Graph\ (P_i)^c).$$

由定理 3.2 中的相同论述,可知 u_i 为连续的.对任意 $(x,y)\in X\times X$,

$$u_i(x,y)\geqslant 0,\ u_i(x,x)=0,$$

$u_i(x,\cdot)$ 在 X 上为拟凹的.

因对任意 $i\in N$,u_i 为连续的,且 X 为非空紧的,那么存在 $M>0$,使得

$$\max_{i\in N}\max_{(x,y)\in X\times X}u_i(x,y)\leqslant M.$$

记

$$e^i=(0,\cdots 0,1,0,\cdots,0),$$
$$e=(1,\cdots,1),$$
$$\Delta=co\{-nMe^i\mid i\in N\},$$
$$\bar{m}^B=-nMm^B,\ \forall B\in\mathcal{N}.$$

对任意 $B \in \mathcal{N}$, 定义集值映射 $V_B: X \rightrightarrows R^n$ 如下:

$$V_B(x) = \{\omega \in R^n \mid \exists y_B \in X_B, \text{s.t.}, \min_{z_{-B} \in X_{-B}} u_i(x, y_B, z_{-B}) \geqslant \omega_i, \forall i \in B\}.$$

下面对任意 $(s, x) \in \Delta \times X$, 定义

$$f_B(s, x) = \max\{t \in R \mid s + te \in V_B(x)\}, \forall B \in \mathcal{N},$$
$$\bar{f}(s, x) = \max\{f_B(s, x) \mid B \in \mathcal{N}\},$$
$$\mu_B(s, x) = s + f_B(s, x)e, \forall B \in \mathcal{N},$$
$$\bar{\mu}(s, x) = s + \bar{f}(s, x)e,$$
$$I(s, x) = \{B \in \mathcal{N} \mid f_B(s, x) = \bar{f}(s, x)\},$$
$$F_1(s, x) = \bar{m}^N - co\{\bar{m}^B \mid B \in I(s, x)\},$$
$$F_2(s, x) = \{y \in X \mid u_i(x, y) \geqslant \mu_{N, i}(s, x), \forall i \in N\}.$$

对任意 $B \in \mathcal{N}$, 由 f_B 的定义, f_B 也可表示为

$$f_B(s, x) = \max_{y_B \in X_B} \min_{z_{-B} \in X_{-B}} \min_{i \in B}[u_i(x, y_B, z_{-B}) - s_i], \forall (s, x) \in \Delta \times X.$$

因对任意 $i \in N$, u_i 为连续的, 那么 f_B 为连续的. 进而 $\bar{f}$ 也是连续的.

我们下面验证 $\varphi: \Delta \times X \rightrightarrows R^n \times \prod_{i \in N} R^{k_i}$:

$$\varphi(s, x) = (F_1(s, x), F_2(s, x) - x)$$

满足定理 1.11(Fan 零点定理)的所有条件.

首先明显 F_1 为非空凸紧值的, 而且存在 R^n 中的一个紧集 V 使得

$$F_1(s, x) \subset V, \forall (s, x) \in \Delta \times X.$$

为了证明 F_1 为上半连续具有紧值, 只证

$$\psi(s, x) = co\{\bar{m}^B \mid B \in I(s, x)\}$$

为闭的.

任给序列

$$(s^k, x^k) \in \Delta \times X, (s^k, x^k) \to (s, x) \in \Delta \times X,$$

而且

$$\eta^k \in \psi(s^k, x^k), \eta^k \to \eta,$$

我们只证 $\eta \in \psi(s, x)$ 即可. 对 $\eta^k \in \psi(s^k, x^k)$, 那么存在

$$\{\lambda_B^k \in [0, 1] \mid B \in \mathcal{N}\}$$

满足

$$\lambda_B^k > 0, \forall B \in I(s^k, x^k);$$
$$\lambda_B^k = 0, \forall B \notin I(s^k, x^k)$$

而且

$$\sum_{B \in \mathcal{N}} \lambda_B^k = \sum_{B \in I(s^k, x^k)} \lambda_B^k = 1,$$

使得有

$$\eta^k = \sum_{B \in \mathcal{N}} \lambda_B^k \bar{m}^B = \sum_{B \in I(s^k, x^k)} \lambda_B^k \bar{m}^B.$$

由 $\lambda_B^k \in [0, 1], \forall B \in \mathcal{N}$ 且

$$\sum_{B \in \mathcal{N}} \lambda_B^k = 1,$$

不失一般性,设

$$\lambda_B^k \to \bar{\lambda}_B \in [0, 1], \forall B \in \mathcal{N},$$

那么可得

$$\sum_{B \in \mathcal{N}} \bar{\lambda}_B = 1.$$

记

$$J = \{B \in \mathcal{N} \mid \bar{\lambda}_B > 0\}.$$

我们下面验证 $J \subset I(s, x)$.

对任意 $B \in J$, 有 $\bar{\lambda}_B > 0$. 由 $\lambda_B^k \to \bar{\lambda}_B$, 那么对任意充分大的 k, 有 $\lambda_B^k > 0$. 这可以导出

$$B \in I(s^k, x^k),$$

即

$$f_B(s^k, x^k) = \bar{f}(s^k, x^k).$$

因为 f_B 和 $\bar{f}$ 为连续的,且 $(s^k, x^k) \to (s, x)$,那么当 $k \to +\infty$,有

$$f_B(s, x) = \bar{f}(s, x).$$

即 $B \in I(s, x)$. 因此得证

$$J \subset I(s, x).$$

我们可得

$$\eta = \sum_{B \in \mathcal{N}} \bar{\lambda}_B \bar{m}^B$$
$$= \sum_{B \in J} \bar{\lambda}_B \bar{m}^B$$
$$\in co\{\bar{m}^B \mid B \in I(s, x)\}$$
$$= \psi(s, x).$$

那么 ψ 为上半连续具有紧值.综上,F_1 为上半连续具有非空凸紧值.

对任意 $s \in \Delta, x \in X$,由 f_N 的定义,存在 $y \in X$ 使得

$$f_N(s, x) = \min_{i \in N}[u_i(x, y) - s_i],$$

可以导出对任意 $i \in N$,

— 48 —

$$\mu_{N,i}(s,x) = s_i + f_N(s,x)$$
$$= s_i + \min_{j \in N}[u_j(x,y) - s_j]$$
$$\leqslant s_i + u_i(x,y) - s_i$$
$$= u_i(x,y).$$

因此 $F_2(s,x)$ 为非空的.

对任意 $(s,x) \in \Delta \times X$, $y^1, y^2 \in F_2(s,x)$, $t \in [0,1]$, 有
$$u_i(x, y^j) \geqslant \mu_{N,i}(s,x), \quad \forall i \in N, j = 1,2.$$

因为对任意 $i \in N$, $u_i(x,\cdot)$ 为拟凹的, 那么有对任意 $i \in N$,
$$u_i(x, ty^1 + (1-t)y^2)$$
$$\geqslant \min\{u_i(x, y_i^1), u_i(x, y_i^2)\}$$
$$\geqslant \mu_{N,i}(s,x).$$

因此, $F_2(s,x)$ 为凸的.

因为对任意 $i \in N$, u_i 和 $\mu_{N,i}$ 都是连续的, 那么 F_2 的图为
$$Graph(F_2) = \{(s,x,y) \in \Delta \times X \times X \mid u_i(x,y) \geqslant \mu_{N,i}(s,x), \forall i \in N\}$$
$$= \bigcap_{i \in N} \{(s,x,y) \in \Delta \times X \times X \mid u_i(x,y) \geqslant \mu_{N,i}(s,x)\}.$$

明显, 它为 $\Delta \times X \times X$ 中的闭集. 由定理 1.2(ii), F_2 为上半连续具有紧值. 综上, F_2 为上半连续具有非空凸紧值.

我们下面验证 φ 为内指向的(inward pointing). 对任意 $(s,x) \in \Delta \times X$, 取定 $B \in I(s,x)$. 记
$$s^\lambda = s + \lambda(\bar{m}^N - \bar{m}^B).$$

明显有
$$\sum_{i \in N} s_i^\lambda = \sum_{i \in N} s_i + \lambda\left(\sum_{i \in N} \bar{m}_i^N - \sum_{i \in N} \bar{m}_i^B\right)$$
$$= -nM.$$

任给 $j \in N$, 如果 $s_j = 0$, 由
$$\sum_{i \in N} s_i = -nM,$$

必存在 $k \in N$, 使得 $s_k < -M$. 可得
$$f_B(s,x) = \bar{f}(s,x)$$
$$\geqslant f_{\{k\}}(s,x)$$
$$= \max_{y_k \in X_k} \min_{z_{-k} \in X_{-k}} [u_k(x, y_k, z_{-k}) - s_k]$$
$$\geqslant -s_k$$
$$> M.$$

我们验证 $j \notin B$. 反证如果 $j \in B$, 那么可得

$$\max_{y_B \in X_B} \min_{z_{-B} \in X_{-B}} [u_j(x, y_B, z_{-B})]$$

$$= \max_{y_B \in X_B} \min_{z_{-B} \in X_{-B}} [u_j(x, y_B, z_{-B}) - s_j]$$

$$\geqslant \max_{y_B \in X_B} \min_{z_{-B} \in X_{-B}} \min_{i \in B} [u_i(x, y_B, z_{-B}) - s_i]$$

$$= f_B(s, x)$$

$$> M.$$

这与

$$\max_{i \in N} \max_{(x, y) \in X \times X} u_i(x, y) \leqslant M$$

矛盾. 因此对 $j \in N$ 满足 $s_j = 0$, 必有 $j \notin B$. 可以推出

$$s_j + \lambda (\bar{m}^N - \bar{m}^B)_j$$

$$= \lambda (\bar{m}_j^N - \bar{m}_j^B)$$

$$= \lambda \bar{m}_j^N$$

$$< 0.$$

那么对充分小的 $\lambda > 0$, 有

$$s_j^\lambda = s_j + \lambda (\bar{m}^N - \bar{m}^B)_j < 0, \ \forall j \in N.$$

即 $s^\lambda \in \Delta$. 得证集值映射 F_1 为内指向的.

另一方面,利用 X 的凸性,任取定 $y \in F_2(s, x)$, 对充分小 $\lambda \in (0, 1)$,

$$x + \lambda(y - x) = (1 - \lambda)x + \lambda y \in X.$$

得证 φ 为内指向的.

根据定理 1.11, 存在 $(s^*, x^*) \in \Delta \times X$ 使得 $0 \in \varphi(s^*, x^*)$, 即

$$\bar{m}^N \in co\{\bar{m}^B \mid B \in I(s^*, x^*)\},$$

$$\mu_{N,i}(s^*, x^*) \leqslant u_i(x^*, x^*) = 0, \ \forall i \in N.$$

因此 $I(s^*, x^*)$ 为 $\mathcal{N}$ 中一个平衡集. 我们下面证明 x^* 在 $\Gamma = (X_i, P_i)_{i \in N}$ 的 α 核中.

由 $B \in I(s^*, x^*)$, 那么

$$f_B(s^*, x^*) = \bar{f}(s^*, x^*).$$

因此, 对任意 $B \in I(s^*, x^*)$, 由 f_B 的定义可知

$$s^* + \bar{f}(s^*, x^*)e = \bar{\mu}(s^*, x^*)$$

$$= \mu_B(s^*, x^*)$$

$$\in V_B(x^*),$$

即对任意 $B \in I(s^*, x^*)$, 存在 $y_B \in X_B$ 使得

$$\min_{z_{-B} \in X_{-B}} u_i(x^*, y_B, z_{-B}) \geqslant \bar{\mu}_i(s^*, x^*), \ \forall i \in B.$$

定义 $y' \in X$ 使得

$$y'_i = \sum_{B \in I(s^*, x^*), B \ni i} \widetilde{\lambda}_B (y_B)_i, \ \forall i \in N,$$

这里

$$\{\widetilde{\lambda}_B > 0 \mid B \in I(s^*, x^*)\}$$

为平衡集 $I(s^*, x^*)$ 的平衡权重.

对任意固定 $i \in N$, y' 也可表示为

$$y' = \sum_{B \in I(s^*, x^*), B \ni i} \widetilde{\lambda}_B \widetilde{y}^B,$$

这里 $\widetilde{y}^B \in X$, 且

$$\widetilde{y}^B_j = (y_B)_j, \ \forall j \in B,$$

$$\widetilde{y}^B_j = \frac{\sum_{C \in I(s^*, x^*), C \ni j, C \not\ni i} \widetilde{\lambda}_C (y_C)_j}{\sum_{C \in I(s^*, x^*), C \ni j, C \not\ni i} \widetilde{\lambda}_C}, \ \forall j \notin B.$$

因此利用 $u_i(x^*, \cdot)$ 的拟凹性,可得

$$u_i(x^*, y') \geqslant \min\{u_i(x^*, \widetilde{y}^B) \mid B \in I(s^*, x^*), B \ni i\}$$

$$\geqslant \min\{\min_{z_{-B} \in X_{-B}} u_i(x^*, y_B, z_{-B}) \mid B \in I(s^*, x^*), B \ni i\}$$

$$\geqslant \bar{\mu}_i(s^*, x^*)$$

$$= s^*_i + \bar{f}(s^*, x^*).$$

由上式,进一步有

$$f_N(s^*, x^*) = \max_{y \in X} \min_{i \in N} [u_i(x^*, y) - s^*_i]$$

$$\geqslant \min_{i \in N} [u_i(x^*, y') - s^*_i]$$

$$\geqslant \bar{f}(s^*, x^*).$$

因此

$$\bar{f}(s^*, x^*) \geqslant f_N(s^*, x^*) \geqslant \bar{f}(s^*, x^*),$$

即

$$f_N(s^*, x^*) = \bar{f}(s^*, x^*).$$

反证如果 x^* 不在 $\Gamma = (X_i, P_i)_{i \in N}$ 的 α 核中,那么存在 $B \in \mathcal{N}$, $\bar{y}_B \in X_B$ 使得

$$\{\bar{y}_B\} \times X_{-B} \subset P_i(x^*), \ \forall i \in B,$$

即有

$$u_i(x^*, \bar{y}_B, z_{-B}) > 0, \ \forall z_{-B} \in X_{-B}, \ \forall i \in B.$$

结合
$$\bar{\mu}_i(s^*, x^*) = \mu_{N,i}(s^*, x^*) \leqslant 0, \ \forall i \in N,$$
可得对任意 $z_{-B} \in X_{-B}$，任意 $i \in B$，
$$u_i(x^*, \bar{y}_B, z_{-B}) > \bar{\mu}_i(s^*, x^*) = s_i^* + \bar{f}(s^*, x^*).$$
因此有
$$\begin{aligned} f_B(s^*, x^*) &= \max_{y_B \in X_B} \min_{z_{-B} \in X_{-B}} \min_{i \in B} [u_i(x^*, y_B, z_{-B}) - s_i^*] \\ &\geqslant \min_{z_{-B} \in X_{-B}} \min_{i \in B} [u_i(x^*, \bar{y}_B, z_{-B}) - s_i^*] \\ &> \bar{f}(s^*, x^*). \end{aligned}$$
这是一个矛盾，证毕.

上述结论也可以推广到具有可行策略映射的广义博弈中.记
$$N, \mathcal{N}, (X_i)_{i \in N}, (P_i)_{i \in N}$$
如上文所示，对任意 $B \in \mathcal{N}$，$G_B: X \rightrightarrows X_B$ 为联盟 B 的可行策略映射.因此一个广义博弈可以表示为
$$\Gamma = ((X_i, P_i)_{i \in N}, (G_B)_{B \in \mathcal{N}}).$$

定义 6.2 如果存在策略组合 $x^* \in X$ 满足 $x^* \in G_N(x^*)$，而且对任意 $B \in \mathcal{N}$，都不存在 $y_B \in G_B(x^*)$ 使得
$$\{\bar{y}_B\} \times X_{-B} \subset P_i(x^*), \ \forall i \in B,$$
则称 x^* 在广义博弈 $\Gamma = ((X_i, P_i)_{i \in N}, (G_B)_{B \in \mathcal{N}})$ 的 α 核中.

定理 6.2 广义博弈 $\Gamma = ((X_i, P_i)_{i \in N}, (G_B)_{B \in \mathcal{N}})$ 满足定理 6.1 的条件(i)(ii)而且
(iii) 对任意 $B \in \mathcal{N}$，G_B 为连续具有非空紧值；
(iv) 对任意 $x \in X$，$G_N(x) = G_N$ 为非空凸紧的.
(v) $\{G_B(\cdot) \mid B \in \mathcal{N}\}$ 为平衡的，即对任意 $x \in X$，对任意 $\mathcal{N}$ 中平衡集 β，且拥有平衡权重
$$\{\lambda_B > 0 \mid B \in \beta\}$$
如果
$$y_B \in G_B(x), \ \forall B \in \beta,$$
那么 $y' \in G_N$，这里
$$y'_i = \sum_{B \in \beta, B \ni i} \lambda_B (y_B)_i, \ \forall i \in N.$$
那么，广义博弈 $\Gamma = ((X_i, P_i)_{i \in N}, (G_B)_{B \in \mathcal{N}})$ 存在一个非空的 α 核.

证明：定义 $(u_i)_{i \in N}$ 如定理 6.1 中所示，对任意 $B \in \mathcal{N}$，定义集值映射 $V_B: G_N \rightrightarrows R^n$ 如下
$$V_B(x) = \{w \in R^n \mid \exists y_B \in G_B(x), s.t., \min_{z_{-B} \in X_{-B}} u_i(x, y_B, z_{-B}) \geqslant w_i, \ \forall i \in B\}.$$
进一步 M, Δ 如定理 6.1 所示，对任意 $(s, x) \in \Delta \times G_N$，定义

$$f_B(x) = \max\{t \in R \mid s + te \in V_B(x)\}$$
$$= \max_{y_B \in G_B(x)} \min_{z_{-B} \in X_{-B}} \min_{i \in B} [u_i(x, y_B, z_{-B}) - s_i],$$
$$\bar{f}(s, x) = \max\{f_B(s, x) \mid B \in \mathcal{N}\},$$
$$\mu_B(s, x) = s + f_B(s, x)e,$$
$$\bar{\mu}(s, x) = s + \bar{f}(s, x)e,$$
$$I(s, x) = \{B \in \mathcal{N} \mid f_B(s, x) = \bar{f}(s, x)\},$$
$$F_1(s, x) = \bar{m}^N - co\{\bar{m}^B \mid B \in I(s, x)\},$$
$$F_2(s, x) = \{y \in G_N \mid u_i(x, y) \geqslant \mu_{N,i}(s, x), \forall i \in N\},$$
$$\varphi(s, x) = (F_1(s, x), F_2(s, x) - x).$$

利用定理 6.1 相同的分析过程, 存在 $(s^*, x^*) \in \Delta \times G_N$ 使得

$$0 \in \varphi(s^*, x^*),$$

即

$$\bar{m}^N \in co\{\bar{m}^B \mid B \in I(s^*, x^*)\},$$
$$\mu_{N,i}(s^*, x^*) \leqslant u_i(x^*, x^*) = 0, \forall i \in N.$$

因此 $I(s^*, x^*)$ 为 $\mathcal{N}$ 中一个平衡集. 这里对 $I(s^*, x^*)$ 引入平衡权重

$$\{\lambda_B > 0: B \in I(s^*, x^*)\}.$$

由 $B \in I(s^*, x^*)$, 有

$$f_B(s^*, x^*) = \bar{f}(s^*, x^*).$$

因此, 对任意 $B \in I(s^*, x^*)$, 由 f_B 的定义可知

$$s^* + \bar{f}(s^*, x^*)e = \bar{\mu}(s^*, x^*)$$
$$= \mu_B(s^*, x^*)$$
$$\in V_B(x^*),$$

即对任意 $B \in I(s^*, x^*)$, 存在 $y_B \in G_B(x^*)$ 使得

$$\min_{z_{-B} \in X_{-B}} u_i(x^*, y_B, z_{-B}) \geqslant \bar{\mu}_i(s^*, x^*), \forall i \in B.$$

定义 $y' \in X$ 使得

$$y'_i = \sum_{B \in I(s^*, x^*), B \ni i} \lambda_B (y_B)_i, \forall i \in N.$$

由条件 (v), 可知 $y' \in G_N$. 由定理 6.1 中相同的证明, 可得对任意 $i \in N$,

$$u_i(x^*, y') \geqslant \bar{\mu}_i(s^*, x^*) = s_i^* + \bar{f}(s^*, x^*).$$

由上式, 进一步可得

$$\bar{f}(s^*, x^*) \geqslant f_N(s^*, x^*)$$
$$= \max_{y \in G_N} \min_{i \in N}[u_i(x^*, y) - s_i^*]$$
$$\geqslant \min_{i \in N}[u_i(x^*, y') - s_i^*]$$
$$\geqslant \bar{f}(s^*, x^*).$$

因此
$$f_N(s^*, x^*) = \bar{f}(s^*, x^*).$$

反证如果 x^* 不在广义博弈 $\Gamma = ((X_i, P_i)_{i \in N}, (G_B)_{B \in \mathcal{N}})$ 的 α 核中,那么存在 $B \in \mathcal{N}$, $\bar{y}_B \in G_B(x^*)$ 使得
$$\{\bar{y}_B\} \times X_{-B} \subset P_i(x^*), \ \forall i \in B.$$

这可以推出对任意 $i \in B$,
$$\min_{z_{-B} \in X_{-B}} u_i(x^*, \bar{y}_B, z_{-B}) > 0$$
$$\geqslant \mu_{N,i}(s^*, x^*)$$
$$\geqslant \bar{\mu}_i(s^*, x^*)$$
$$= s_i^* + \bar{f}(s^*, x^*).$$

因此有
$$f_B(s^*, x^*) = \max_{y_B \in G_B(x^*)} \min_{z_{-B} \in X_{-B}} \min_{i \in B}[u_i(x^*, y_B, z_{-B}) - s_i^*]$$
$$\geqslant \min_{z_{-B} \in X_{-B}} \min_{i \in B}[u_i(x^*, \bar{y}_B, z_{-B}) - s_i^*]$$
$$> \bar{f}(s^*, x^*).$$

这是一个矛盾.证毕.

注 6.1 规范型博弈 $\Gamma = (X_i, u_i)_{i \in N}$ 的 α 核存在性,可以定义
$$P_i^u(x) = \{y \in X \mid u_i(y) > u_i(x)\}, \ \forall x \in X, \ \forall i \in N,$$
利用博弈 $\Gamma^u = (X_i, P_i^u)_{i \in N}$ 的 α 核存在性得到.

第 7 讲
社会联盟均衡和强 Nash 均衡

一个抽象社会由参与人集合、参与人策略集、联盟可行策略映射以及联盟中参与人的效用函数组成.本讲在抽象社会中定义社会联盟均衡,并给出存在性定理.作为社会联盟均衡存在性定理的特殊情形,可以推出规范型博弈中的强 Nash 均衡存在性定理.此外,利用不同的充分性条件和证明方式,定理 7.3 给出另一个强 Nash 均衡存在性定理.本讲主要参考文献为 Ichiishi(1981),Nessah 和 Tian(2014).

设 $N=\{1,\cdots,n\}$ 为局中人集合,

$\mathcal{N}=\{B \mid B \subseteq N\}$ 为联盟集,

对任意 $i \in N, X_i$ 为局中人 i 的策略集,记

$$X = \prod_{i \in N} X_i,$$

$$X_B = \prod_{i \in B} X_i,$$

$$X_{-B} = \prod_{i \notin B} X_i, \forall B \in \mathcal{N};$$

对任意 $B \in \mathcal{N}, G_B: X \rightrightarrows X_B$ 为联盟 B 的可行策略映射;

对任意 $B \in \mathcal{N}, i \in B, u_{B,i}: X \times X_B \to R$ 为联盟 B 中局中人 i 的效用函数.

因此,一个抽象社会可以表示为

$$\Gamma = ((X_i)_{i \in N}, (G_B)_{B \in \mathcal{N}}, (u_{B,i})_{i \in B \in \mathcal{N}}).$$

定义 7.1 如果存在策略组合 $x^* \in X$ 满足 $x^* \in G_N(x^*)$ 且对任意 $B \in \mathcal{N}$,都不存在 $y_B \in G_B(x^*)$ 使得

$$u_{B,i}(x^*, y_B) > u_{N,i}(x^*, x^*), \forall i \in B,$$

则称 x^* 为抽象社会 Γ 的社会联盟均衡.

定理 7.1 抽象社会

$$\Gamma = ((X_i)_{i \in N}, (G_B)_{B \in \mathcal{N}}, (u_{B,i})_{i \in B \in \mathcal{N}})$$

满足下面条件:

(i) 对任意 $i \in N, X_i \subset R^{k_i}$ 为非空凸紧的;

(ii) 对任意 $B \in \mathcal{N}, G_B$ 为连续具有非空紧值;

(iii) 对任意 $B \in \mathcal{N}, i \in B, u_{B,i}$ 为连续的;

(iv) Γ 为平衡的,即对任意 $x \in X, v \in R^n, \mathcal{N}$ 中任意平衡集 β,如果对任意 $B \in \beta$,存在 $y_B \in G_B(x)$ 满足

$$u_{B,i}(x, y_B) \geqslant v_i, \forall i \in B,$$

那么存在 $y' \in G_N(x)$ 使得

$$u_{N,i}(x, y') \geqslant v_i, \forall i \in N;$$

(v) 对任意 $x \in X, v \in R^n$,

$$\{y \in G_N(x) \mid u_{N,i}(x, y) \geqslant v_i, \forall i \in N\}$$

为凸的.

那么抽象社会 Γ 存在社会联盟均衡.

证明：首先对任意 $i \in N$，定义
$$g(x) = (g_i(x))_{i \in N}, \quad \forall x \in X,$$
$$g_i(x) = \max_{y_i \in G_{\{i\}}(x)} u_{\{i\},i}(x, y_i).$$

对任意 $B \in \mathcal{N}$，定义集值映射 $V_B: X \rightrightarrows R^n$ 如下
$$V_B(x) = \{w \in R^n \mid \exists y_B \in G_B(x), \ s.t., \ u_{B,i}(x, y_B) \geqslant w_i, \ \forall i \in B\}.$$

选取一个充分大的 $M > 0$ 使得
$$\max_{B \in \mathcal{N}} \max_{i \in B} \max_{(x, y_B) \in X \times X_B} \mid u_{B,i}(x, y_B) \mid - \min_{i \in N} \min_{x \in X} g_i(x) < M.$$

记
$$e^i = (0, \cdots, 0, 1, 0, \cdots, 0),$$
$$e = (1, \cdots, 1),$$
$$\Delta = co\{-nMe^i \mid i \in N\},$$
$$\bar{m}^B = -nMm^B, \ \forall B \in \mathcal{N}.$$

下面对任意 $(s, x) \in \Delta \times X$，定义
$$f_B(s, x) = \max\{t \in R \mid s + g(x) + te \in V_B(x)\}, \ \forall B \in \mathcal{N},$$
$$\bar{f}(s, x) = \max\{f_B(s, x) \mid B \in \mathcal{N}\},$$
$$\mu_B(s, x) = s + g(x) + f_B(s, x)e, \ \forall B \in \mathcal{N},$$
$$\bar{\mu}(s, x) = s + g(x) + \bar{f}(s, x)e,$$
$$I(s, x) = \{B \in \mathcal{N} \mid f_B(s, x) = \bar{f}(s, x)\},$$
$$F_1(s, x) = \bar{m}^N - co\{\bar{m}^B \mid B \in I(s, x)\},$$
$$F_2(s, x) = \{y \in G_N(x) \mid u_{N,i}(x, y) \geqslant \mu_{N,i}(s, x), \ \forall i \in N\},$$
$$\varphi(s, x) = (F_1(s, x), F_2(s, x) - x).$$

对任意 $B \in \mathcal{N}$，由 f_B 的定义可知 f_B 的另一方式表达：
$$f_B(s, x) = \max_{y_B \in G_B(x)} \min_{i \in B}[u_{B,i}(x, y_B) - s_i - g_i(x)], \ \forall (s, x) \in \Delta \times X.$$

因为 $\{u_{B,i} \mid i \in B \in \mathcal{N}\}$ 都为连续的，$\{g_i \mid i \in N\}$ 都为连续的，对任意 $B \in \mathcal{N}$，G_B 为连续具有非空紧值，由定理 1.5，那么 f_B 为连续的，进而 $\bar{f}$ 为连续的.

采用定理 6.1 中的相同论述，F_1, F_2 为上半连续具有非空凸紧值，且
$$\varphi_2(s, x) = F_2(s, x) - x$$

为内指向的. 为了验证 φ 满足定理 1.11(Fan-Browder 定理)，我们只证明
$$\varphi_1(s, x) = F_1(s, x)$$

为内指向的.

对任意 $(s, x) \in \Delta \times X$,任取定 $B \in I(s, x)$. 记
$$s^\lambda = s + \lambda(\bar{m}^N - \bar{m}^B).$$

明显有
$$\sum_{i \in N} s_i^\lambda = \sum_{i \in N} s_i + \lambda\left(\sum_{i \in N} \bar{m}_i^N - \sum_{i \in N} \bar{m}_i^B\right)$$
$$= -nM.$$

给定 $j \in N$,如果 $s_j = 0$. 由
$$\sum_{i \in N} s_i = -nM,$$

必有存在 $k \in N$,使得
$$s_k < -M.$$

那么可得
$$f_B(s, x) = \bar{f}(s, x)$$
$$\geqslant f_{\{k\}}(s, x)$$
$$= \max_{y_k \in G_{\{k\}}(x)} \{u_{\{k\}, k}(x, y_k) - s_k - g_k(x)\}$$
$$= \max_{y_k \in G_{\{k\}}(x)} u_{\{k\}, k}(x, y_k) - s_k - g_k(x)$$
$$= g_k(x) - s_k - g_k(x)$$
$$= -s_k$$
$$> M.$$

我们下面验证 $j \notin B$,反证如果 $j \in B$,那么可得
$$M > \max_{y_B \in G_B(x)} u_{B, j}(x, y_B) - g_j(x)$$
$$= \max_{y_B \in G_B(x)} u_{B, j}(x, y_B) - g_j(x) - s_j$$
$$\geqslant \max_{y_B \in G_B(x)} \min_{i \in B}[u_{B, i}(x, y_B) - g_i(x) - s_i]$$
$$= f_B(s, x)$$
$$> M.$$

得到一个矛盾.

因此对任意 $j \in N$ 满足 $s_j = 0$,必有 $j \notin B$. 可以推出
$$s_j^\lambda = s_j + \lambda(\bar{m}_j^N - \bar{m}_j^B)$$
$$= \lambda \bar{m}_j^N$$
$$< 0.$$

那么对充分小的 $\lambda \in (0, 1)$, $s^\lambda \in \Delta$, 得证 F_1 为内指向的.

根据定理 1.11, 存在 $(s^*, x^*) \in \Delta \times X$ 使得 $0 \in \varphi(s^*, x^*)$, 即

$$\bar{m}^N \in co\{\bar{m}^B \mid B \in I(s^*, x^*)\},$$

$$x^* \in G_N(x^*),$$

$$\mu_{N,i}(s^*, x^*) \leqslant u_{N,i}(x^*, x^*), \forall i \in N.$$

因此, $I(s^*, x^*)$ 为 $\mathcal{N}$ 中一个平衡集. 我们下面证明 x^* 为一个社会联盟均衡.

对任意 $B \in I(s^*, x^*)$, 即

$$f_B(s^*, x^*) = \bar{f}(s^*, x^*),$$

由 f_B 的定义可知

$$\bar{\mu}(s^*, x^*) = \mu_B(s^*, x^*) \in V_B(s^*, x^*),$$

即存在 $y_B \in G_B(x^*)$ 使得

$$u_{B,i}(x^*, y_B) \geqslant \bar{\mu}_i(s^*, x^*), \forall i \in B.$$

由条件 (v), Γ 为平衡的, 那么存在 $y' \in G_N(x^*)$ 使得

$$u_{N,i}(x^*, y') \geqslant \bar{\mu}_i(s^*, x^*)$$

$$= s_i^* + g_i(x^*) + \bar{f}(s^*, x^*), \forall i \in N.$$

即

$$\min_{i \in N}[u_{N,i}(x^*, y') - g_i(x^*) - s_i^*] \geqslant \bar{f}(s^*, x^*).$$

由上式, 可以得到

$$\bar{f}(s^*, x^*) \geqslant f_N(s^*, x^*)$$

$$= \max_{y \in G_N(x^*)} \min_{i \in N}[u_{N,i}(x^*, y) - g_i(x^*) - s_i^*]$$

$$\geqslant \min_{i \in N}[u_{N,i}(x^*, y') - g_i(x^*) - s_i^*]$$

$$\geqslant \bar{f}(s^*, x^*).$$

因而可得

$$f_N(s^*, x^*) = \bar{f}(s^*, x^*).$$

反证如果 x^* 不是 Γ 的社会联盟均衡, 那么存在 $B \in \mathcal{N}$, $\bar{y}_B \in G_B(x^*)$, 使得对任意 $i \in B$,

$$u_{B,i}(x^*, \bar{y}_B) > u_{N,i}(x^*, x^*).$$

结合

$$\mu_{N,i}(s^*, x^*) \leqslant u_{N,i}(x^*, x^*), \forall i \in N,$$

可得对任意 $i \in B$,

$$u_{B,i}(x^*, \bar{y}_B) > \mu_{N,i}(s^*, x^*)$$
$$= \bar{\mu}_i(s^*, x^*)$$
$$= s_i^* + g_i(x^*) + \bar{f}(s^*, x^*).$$

因此有
$$f_B(s^*, x^*) = \max_{y_B \in G_B(x^*)} \min_{i \in B}[u_{B,i}(x^*, y_B) - s_i^* - g_i(x^*)]$$
$$\geq \min_{i \in B}[u_{B,i}(x^*, \bar{y}_B) - s_i^* - g_i(x^*)]$$
$$> \bar{f}(s^*, x^*).$$

这是一个矛盾. 证毕.

注 7.1 采用定理 7.1 为研究工具, 可以方便推出定理 5.1 和定理 6.1.

(i) 规范型博弈 $\Gamma = (X_i, u_i)_{i \in N}$ 满足定理 5.1 的所有条件, 定义

$$G_B(x) = X_B, \forall x \in X, \forall B \in \mathcal{N},$$
$$\hat{u}_{B,i}(x, y_B) = \min_{z_{-B} \in X_{-B}} u_i(y_B, z_{-B}) - u_i(x), \forall (x, y_B) \in X \times X_B, \forall i \in B \in \mathcal{N} \setminus N,$$
$$\hat{u}_{N,i}(x, y) = u_i(y) - u_i(x), \forall (x, y) \in X \times X, \forall i \in N.$$

可以方便验证
$$\hat{\Gamma} = ((X_i)_{i \in N}, (G_B)_{B \in \mathcal{N}}, (\hat{u}_{B,i})_{i \in B \in \mathcal{N}})$$

满足定理 7.1, 进而得到规范型博弈 $\Gamma = (X_i, u_i)_{i \in N}$ 的 α 核存在性.

(ii) 非序偏好博弈 $\Gamma = (X_i, P_i)_{i \in N}$ 满足定理 6.1 的所有条件, 定义 $u_i : X \times X \to R$ 如定理 6.1 中所示, 且

$$G_B(x) = X_B, \forall x \in X, \forall B \in \mathcal{N},$$
$$\hat{u}_{B,i}(x, y_B) = \min_{z_{-B} \in X_{-B}} u_i(x, y_B, z_{-B}), \forall (x, y_B) \in X \times X_B, \forall i \in B \in \mathcal{N} \setminus N,$$
$$\hat{u}_{N,i}(x, y) = u_i(x, y), \forall (x, y) \in X \times X, \forall i \in N.$$

可以方便验证
$$\hat{\Gamma} = ((X_i)_{i \in N}, (G_B)_{B \in \mathcal{N}}, (\hat{u}_{B,i})_{i \in B \in \mathcal{N}})$$

满足定理 7.1, 进而得到非序偏好博弈 $\Gamma = (X_i, P_i)_{i \in N}$ 的 α 核存在性.

注意社会联盟均衡可以退化为规范性博弈中的强 Nash 均衡.

定义 7.2 对规范型博弈 $\Gamma = (X_i, u_i)_{i \in N}$, 如果存在策略组合 $x^* \in X$, 使得对任意 $B \in \mathcal{N}$, 都不存在 $y_B \in X_B$ 满足

$$u_i(y_B, x_{-B}^*) > u_i(x^*), \forall i \in B,$$

则称 x^* 为规范型博弈 $\Gamma = (X_i, u_i)_{i \in N}$ 的强 Nash 均衡.

可以容易看出强 Nash 均衡为 Nash 均衡, 仍在 $\Gamma = (X_i, u_i)_{i \in N}$ 的 α 核中.

定理 7.2 规范型博弈 $\Gamma = (X_i, u_i)_{i \in N}$ 满足下面条件:

(i) 对任意 $i \in N$, $X_i \subset R^{k_i}$ 为非空凸紧的;

(ii) 对任意 $i \in N$, u_i 为连续拟凹的;

(iii) Γ 为平衡的,即对任意 $x \in X, v \in R^n$, 对任意 $\mathcal{N}$ 中平衡集 β, 如果对任意 $B \in \beta$, 存在 $y_B \in X_B$ 使得
$$u_i(y_B, x_{-B}) \geqslant v_i, \ \forall i \in B,$$

那么存在 $y' \in X$ 使得
$$u_i(y') \geqslant v_i, \ \forall i \in N.$$

那么规范型博弈 $\Gamma = (X_i, u_i)_{i \in N}$ 存在强 Nash 均衡.

证明: 定义
$$G_B(x) = X_B, \ \forall x \in X, \ \forall B \in \mathcal{N},$$
$$\hat{u}_{B,i}(x, y_B) = u_i(y_B, x_{-B}), \ \forall (x, y_B) \in X \times X_B, \ \forall i \in B \in \mathcal{N} \backslash N,$$
$$\hat{u}_{N,i}(x, y) = u_i(y), \ \forall (x, y) \in X \times X, \ \forall i \in N.$$

易证 $\hat{\Gamma} = ((X_i)_{i \in N}, (G_B)_{B \in \mathcal{N}}, (\hat{u}_{B,i})_{i \in B \in \mathcal{N}})$ 满足定理 7.1.

那么存在 $x^* \in X$, 使得对任意 $B \in \mathcal{N}$, 都不存在 $y_B \in X_B$ 满足
$$u_i(y_B, x^*_{-B}) = \hat{u}_{B,i}(x^*, y_B)$$
$$> \hat{u}_{N,i}(x^*, x^*)$$
$$= u_i(x^*), \ \forall i \in B.$$

得证 x^* 为规范型博弈 $\Gamma = (X_i, u_i)_{i \in N}$ 的强 Nash 均衡.证毕.

规范型博弈的平衡性条件较强, Nessah 和 Tian(2014) 引入了联盟一致性和新的强 Nash 均衡存在性定理.首先给下面的概念.

$$\Delta^B = \left\{ \lambda_B = (\lambda_{B,i})_{i \in B} \in R_+^{|B|} \ \bigg| \ \sum_{i \in B} \lambda_{B,i} = 1 \right\}, \ \forall B \in \mathcal{N},$$
$$\Delta = \prod_{B \in \mathcal{N}} \Delta^B,$$
$$\hat{X} = \prod_{B \in \mathcal{N}} X_B.$$

对任意 $B \in \mathcal{N}$, 定义集值映射 $F_B: X_{-B} \times \Delta^B \rightrightarrows X_B$ 如下:
$$F_B(x_{-B}, \lambda_B) = \left\{ y_B \in X_B \ \bigg| \ \sum_{i \in B} \lambda_{B,i} u_i(y_B, x_{-B}) = \max_{z_B \in X_B} \sum_{i \in B} \lambda_{B,i} u_i(z_B, x_{-B}) \right\}.$$

此外定义 $g: X \to \hat{X}$ 如下:
$$g(x) = (x_B)_{B \in \mathcal{N}}.$$

定义 7.3 对规范型博弈 $\Gamma = (X_i, u_i)_{i \in N}$, 如果存在 $\lambda \in \Delta$ 使得对任意 $x \in X$, 存在 $z \in X$ 满足
$$z_B \in F_B(x_{-B}, \lambda_B), \ \forall B \in \mathcal{N},$$

则称 Γ 具有联盟一致性.

定理 7.3 规范型博弈 $\Gamma = (X_i, u_i)_{i \in N}$ 满足下面条件:

(i) 对任意 $i \in N$,$X_i \subset R^{k_i}$ 为非空凸紧的;

(ii) 对任意 $i \in N$,u_i 为连续凹的;

(iii) Γ 具有联盟一致性.

那么规范型博弈 $\Gamma = (X_i, u_i)_{i \in N}$ 存在强 Nash 均衡.

证明: 利用 Γ 的联盟一致性,存在 $\lambda \in \Delta$ 使得对任意 $x \in X$,存在 $z \in X$ 有

$$z_B \in F_B(x_{-B}, \lambda_B), \forall B \in \mathcal{N}.$$

那么定义集值映射 $F: X \rightrightarrows X$ 和 $\varphi: X \rightrightarrows R^{\sum_{i \in N} k_i}$ 如下:

$$F(x) = \{z \in X \mid z_B \in F_B(x_{-B}, \lambda_B), \forall B \in \mathcal{N}\},$$

$$\varphi(x) = F(x) - x.$$

首先 $F(x) \neq \emptyset$, $\forall x \in X$. 对任意 $x \in X$, $z^1, z^2 \in F(x)$, $t \in [0, 1]$,可得

$$\sum_{i \in B} \lambda_{B,i} u_i(z_B^1, x_{-B}) = \max_{y_B \in X_B} \sum_{i \in B} \lambda_{B,i} u_i(y_B, x_{-B}), \forall B \in \mathcal{N},$$

$$\sum_{i \in B} \lambda_{B,i} u_i(z_B^2, x_{-B}) = \max_{y_B \in X_B} \sum_{i \in B} \lambda_{B,i} u_i(y_B, x_{-B}), \forall B \in \mathcal{N}.$$

因对任意 $i \in N$, u_i 为凹的,那么 $\sum_{i \in B} \lambda_{B,i} u_i(\cdot, x_{-B})$ 为凹的,可得

$$\sum_{i \in B} \lambda_{B,i} u_i(t z_B^1 + (1-t) z_B^2, x_{-B})$$

$$\geq t \sum_{i \in B} \lambda_{B,i} u_i(z_B^1, x_{-B}) + (1-t) \sum_{i \in B} \lambda_{B,i} u_i(z_B^2, x_{-B})$$

$$\geq \max_{y_B \in X_B} \sum_{i \in B} \lambda_{B,i} u_i(y_B, x_{-B}),$$

即

$$\sum_{i \in B} \lambda_{B,i} u_i(t z_B^1 + (1-t) z_B^2, x_{-B}) = \max_{y_B \in X_B} \sum_{i \in B} \lambda_{B,i} u_i(y_B, x_{-B}), \forall B \in \mathcal{N}.$$

因此

$$t z^1 + (1-t) z^2 \in F(x).$$

得证 F 为凸值的.

进一步,集值映射 F 的图为

$$Graph(F)$$

$$= \bigcap_{B \in \mathcal{N}} \{(x, z) \in X \times X \mid z_B \in F_B(x_{-B}, \lambda_B)\}$$

$$= \bigcap_{B \in \mathcal{N}} \bigcap_{y_B \in X_B} \left\{ (x, z) \in X \times X \mid \sum_{i \in B} \lambda_{B,i} u_i(z_B, x_{-B}) \geq \sum_{i \in B} \lambda_{B,i} u_i(y_B, x_{-B}) \right\}.$$

它为 $X \times X$ 中的闭集.因而 F 为上半连续具有紧值.

由上面分析,F 为上半连续具有非空凸紧值.进而 φ 为上半连续具有非空凸紧值.进一步,对任意 $x \in X$,取定 $z \in F(x) \subset X$,由 X 的凸性,取 $t \in [0, 1]$ 有

$$x + t(z-x) = (1-t)x + tz \in X.$$

因此 φ 为内指向的.

由定理 1.11,存在 $x^* \in X$ 使得 $0 \in \varphi(x^*)$,即 $x^* \in F(x^*)$. 那么对任意 $B \in \mathcal{N}$,

$$\sum_{i \in B} \lambda_{B,i} u_i(x_B^*, x_{-B}^*) = \max_{y_B \in X_B} \sum_{i \in B} \lambda_{B,i} u_i(y_B, x_{-B}^*).$$

我们验证 x^* 为规范型博弈 $\Gamma = (X_i, u_i)_{i \in N}$ 的强 Nash 均衡.

反证如果存在 $B \in \mathcal{N}$, $y_B \in X_B$ 使得

$$u_i(y_B, x_{-B}^*) > u_i(x^*), \ \forall i \in B.$$

可导出

$$\sum_{i \in B} \lambda_{B,i} u_i(y_B, x_{-B}^*) > \sum_{i \in B} \lambda_{B,i} u_i(x^*).$$

得到一个矛盾.证毕.

第8讲
策略型博弈的混合均衡

本讲中的策略型博弈不仅强调合作,也关注非合作.参与人集合被分为不同块,区块之间进行非合作博弈,区块内部进行合作博弈.本讲首先在最一般的模型下定义出混合均衡,并给出存在性定理.以混合均衡存在性定理为研究工具,可以导出规范型博弈和非序偏好博弈的 α 核存在性.本讲主要参考文献为 Zhao(1992),Yang 和 Yuan(2019).

设 $N = \{1, \cdots, n\}$ 为局中人集合,

$\mathcal{N} = \{B \mid B \subseteq N\}$ 为联盟集.如果

$$N_r \cap N_{r'} = \varnothing, \ \forall r \neq r';$$

$$\bigcup_{r \in \bar{R}} N_r = N,$$

则称 $p = \{N_r \mid r \in \bar{R}\}$ 为局中人集合的一个联盟结构.记

$$\mathcal{N}_r = \{B \mid B \subseteq N_r\}, \ \forall r \in \bar{R}.$$

对任意 $i \in N$,X_i 为局中人 i 的策略集;记

$$X = \prod_{i \in N} X_i,$$

$$X_B = \prod_{i \in B} X_i,$$

$$X_{-B} = \prod_{i \notin B} X_i, \ \forall B \in \mathcal{N}.$$

对任意 $B \in \mathcal{N}$,$G_B : X \rightrightarrows X_B$ 为联盟 B 的可行策略映射.

对任意 $r \in \bar{R}$,$x_{-N_r} \in X_{-N_r}$,$u_B(\cdot, x_{-N_r}) : X_B \to R^{|B|}$ 表示联盟 B 的支付函数.

因此,对任意 $r \in \bar{R}$,可得一个一般的广义合作博弈

$$\Gamma_r = \{((X_i)_{i \in N_r}, (G_B)_{B \in \mathcal{N}_r}, (u_B(\cdot, x_{-N_r}))_{B \in \mathcal{N}_r}) \mid x_{-N_r} \in X_{-N_r}\}.$$

一般策略型广义博弈表示为 $\Gamma = \{\Gamma_r \mid r \in \bar{R}\}$.

定义 8.1 如果存在策略组合 $x^* \in X$ 使得对任意 $r \in \bar{R}$,$x^*_{N_r} \in G_{N_r}(x^*)$ 且对任意 $B \in \mathcal{N}_r$,都不存在 $y_B \in G_B(x^*)$ 满足

$$u_B(y_B, x^*_{-N_r}) - (u_{N_r}(x^*_{N_r}, x^*_{-N_r}))_B \in int R^{|B|}_+.$$

定义 8.2 给定 $r \in \bar{R}$,对任意 $x \in X$,$v \in R^{|N_r|}$,任意 $\mathcal{N}_r$ 中的平衡集 β,如果对任意 $B \in \beta$,存在 $y_B \in G_B(x)$ 使得

$$u_B(y_B, x_{-N_r}) - v_B \in int R^{|B|}_+,$$

那么,存在 $y'_{N_r} \in G_{N_r}(x)$ 使得

$$u_{N_r}(y'_{N_r}, x_{-N_r}) - v \in R^{|N_r|}_+,$$

则称 Γ_r 为平衡的.

定理 8.1 一般策略型广义博弈 $\Gamma = \{\Gamma_r \mid r \in \bar{R}\}$ 满足下面条件:

(i) 对任意 $i \in N$, $X_i \subset R^{k_i}$ 为非空凸紧的；
(ii) 对任意 $r \in \bar{R}$, $B \in \mathcal{N}_r$, G_B 为连续具有非空紧值；
(iii) 对任意 $r \in \bar{R}$, G_{N_r} 为凸值；
(iv) 对任意 $r \in \bar{R}$, $B \in \mathcal{N}_r$, u_B 为连续的,而且对任意固定 $x_{-N_r} \in X_{-N_r}$ 和任意 $i \in B$, $u_{B,i}(\bullet, x_{-N_r})$ 在 X_B 上拟凹；
(v) 对任意 $r \in \bar{R}$, Γ_r 为平衡的.

那么,一般策略广义博弈 Γ 存在一个混合均衡.

证明：首先对任意 $r \in \bar{R}$, 定义

$$g_{N_r,i}(x) = \max_{y_i \in G_{\{i\}}(x)} u_{\{i\},i}(y_i, x_{-N_r}), \quad \forall x \in X, \forall i \in N_r,$$

$$g_{N_r}(x) = (g_{N_r,i}(x))_{i \in N_r}, \quad \forall x \in X.$$

选取一个充分大 $M^r > 0$, 使得

$$\max_{B \in \mathcal{N}_r} \max_{i \in B} \max_{(y_B, x_{-N_r}) \in X_B \times X_{-N_r}} u_{B,i}(y_B, x_{-N_r}) - \min_{i \in N_r} \min_{x \in X} g_{N_r,i}(x) < M^r.$$

记

$$e_{N_r}^i = (0, \cdots, 0, 1, 0, \cdots, 0) \in R^{|N_r|},$$

$$e_{N_r} = (1, \cdots, 1) \in R^{|N_r|},$$

$$|N_r| = n_r,$$

$$\Delta^r = co\{-n_r M^r e_{N_r}^i \mid i \in N_r\},$$

$$\bar{m}^{B,r} = -n_r M^r m^B, \quad \forall B \in \mathcal{N}_r.$$

对任意 $r \in \bar{R}$, $B \in \mathcal{N}_r$, 定义集值映射 $V_B^r: X \rightrightarrows R^{n_r}$ 如下：

$$V_B^r(x) = \{w \in R^{n_r} \mid \exists y_B \in G_B(x), \quad s.t. \quad u_{B,i}(y_B, x_{-N_r}) \geqslant w_i, \forall i \in N_r\}.$$

下面对任意 $(s^r, x) \in \Delta^r \times X$, 定义

$$f_B^r(s^r, x) = \max\{t \in R \mid s^r + g_{N_r}(x) + t e_{N_r} \in V_B^r(x)\}, \forall B \in \mathcal{N}_r,$$

$$\bar{f}^r(s^r, x) = \max\{f_B^r(s^r, x) \mid B \in \mathcal{N}_r\},$$

$$\mu_B^r(s^r, x) = s^r + g_{N_r}(x) + f_B^r(s^r, x) e_{N_r}, \forall B \in \mathcal{N}_r,$$

$$\bar{\mu}^r(s^r, x) = s^r + g_{N_r}(x) + \bar{f}^r(s^r, x) e_{N_r},$$

$$I^r(s^r, x) = \{B \in \mathcal{N}_r \mid f_B^r(s^r, x) = \bar{f}^r(s^r, x)\},$$

$$F_1^r(s^r, x) = \bar{m}^{N_r, r} - co\{\bar{m}^{B,r} \mid B \in I^r(s^r, x)\},$$

$$F_2^r(s^r, x) = \{y_{N_r} \in G_{N_r}(x) \mid u_{N_r,i}(y_{N_r}, x_{-N_r}) \geqslant \bar{\mu}_{N_r,i}^r(s^r, x), \forall i \in N_r\}.$$

进一步,对任意

$$s = (s^r)_{r \in \bar{R}} \in \prod_{r \in \bar{R}} \Delta^r, x \in X,$$

定义

$$\varphi(s, x) = \Big(\prod_{r\in\bar{R}} F_1^r(s^r, x), \prod_{r\in\bar{R}}(F_2^r(s^r, x) - x_{N_r})\Big).$$

对任意 $r \in \bar{R}, B \in \mathcal{N}_r$, 由 f_B^r 的定义可知, f_B^r 可以表示为

$$f_B^r(s^r, x) = \max_{y_B \in G_B(x)} \min_{i \in B}[u_{B,i}(y_B, x_{-N_r}) - s_i^r - g_{N_r, i}(x)], \forall (s^r, x) \in \Delta^r \times X.$$

因对任意 $i \in \mathcal{N}, i \in B \in \mathcal{N}_r, u_{B,i}$ 和 $g_{N_r, i}$ 为连续的, G_B 为连续具有非空紧值, 那么 f_B^r 为连续的, 进而可得 $\bar{f}^r$ 也为连续的. 后面的证明与定理 6.1 和 7.1 是相同的. 唯一稍有不同的是证明 F_1^r 的内指向性. 下面我们证明 F_1^r 的内指向性.

对任意给定

$$r \in \bar{R}, (s^r, x) \in \Delta^r \times X,$$

我们取定 $B \in I^r(s^r, x)$, 记

$$s^{\lambda, r} = s^r + \lambda(\bar{m}^{N_r, r} - \bar{m}^{B, r}).$$

明显有

$$\sum_{i \in N_r} s_i^{\lambda, r} = \sum_{i \in N_r} s_i^r + \lambda\Big(\sum_{i \in N_r} \bar{m}_i^{N_r, r} - \sum_{i \in N_r} \bar{m}_i^{B, r}\Big)$$
$$= -n_r M^r.$$

给定 $j \in N_r$, 如果 $s_j^r = 0$. 由

$$\sum_{i \in N_r} s_i^r = -n_r M^r,$$

必存在 $k \in N_r$, 使得

$$s_k^r < -M^r.$$

那么可得

$$f_B^r(s^r, x) = \bar{f}^r(s^r, x)$$
$$\geqslant f_{\{k\}}^r(s^r, x)$$
$$= \max_{y_k \in G_{\{k\}}(x)} [u_{\{k\}, k}(y_k, x_{-N_r}) - s_k^r - g_{N_r, k}(x)]$$
$$= \max_{y_k \in G_{\{k\}}(x)} u_{\{k\}, k}(y_k, x_{-N_r}) - g_{N_r, k}(x) - s_k^r$$
$$= g_{N_r, k}(x) - g_{N_r, k}(x) - s_k^r$$
$$= -s_k^r$$
$$> M^r.$$

下面验证 $j \notin B$. 反证如果 $j \in B$, 那么可得

$$M^r > \max_{y_B \in G_B(x)} u_{B, j}(y_B, x_{-N_r}) - g_{N_r, j}(x)$$
$$= \max_{y_B \in G_B(x)} u_{B, j}(y_B, x_{-N_r}) - g_{N_r, j}(x) - s_j^r$$
$$\geqslant \max_{y_B \in G_B(x)} \min_{i \in B}[u_{B, i}(y_B, x_{-N_r}) - s_i^r - g_{N_r, i}(x)]$$
$$= f_B^r(s^r, x).$$

得到一个矛盾.因此如果
$$j \in N_r, \ s_j^r = 0,$$
可导出 $j \notin B$,并且有
$$\begin{aligned} s_j^{\lambda,r} &= s_j^r + \lambda(\bar{m}_j^{N_r,r} - \bar{m}_j^{B,r}) \\ &= \lambda \bar{m}_j^{N_r,r} \\ &< 0. \end{aligned}$$
那么对充分小的 $\lambda > 0$,可得 $s^{\lambda,r} \in \Delta^r$. 得证 F_1^r 为内指向的.

因此 φ 满足定理 1.11,那么存在 $(s^*, x^*) \in \prod_{r \in R} \Delta^r \times X$ 使得 $0 \in \varphi(s^*, x^*)$,即对任意 $r \in \bar{R}$,
$$\bar{m}^{N_r,r} \in co\{\bar{m}^{B,r} \mid B \in I^r(s^{r*}, x^*)\},$$
$$x_{N_r}^* \in G_{N_r}(x^*),$$
$$\mu_{N_r,i}^r(s^{r*}, x^*) \leqslant u_{N_r,i}(x_{N_r}^*, x_{-N_r}^*), \ \forall i \in N_r.$$

因此对任意 $r \in \bar{R}$, $I^r(s^{r*}, x^*)$ 为 $\mathcal{N}_r$ 中一个平衡集.

对任意 $r \in \bar{R}, B \in I^r(s^{r*}, x^*)$,有
$$f_B^r(s^{r*}, x^*) = \bar{f}^r(s^{r*}, x^*).$$

由 f_B^r 的定义可知,
$$\bar{\mu}^r(s^{r*}, x^*) = \mu_B^r(s^{r*}, x^*) \in V_B^r(s^{r*}, x^*),$$
即存在 $y_B \in G_B(x^*)$ 使得
$$u_{B,i}(y_B, x_{-N_r}^*) \geqslant \bar{\mu}_i^r(s^{r*}, x^*), \ \forall i \in B.$$

因 Γ_r 为平衡的,那么存在 $y_{N_r}' \in G_{N_r}(x^*)$,使得对任意 $i \in N_r$,
$$\begin{aligned} u_{N_r,i}(y_{N_r}', x_{-N_r}^*) &\geqslant \bar{\mu}_i^r(s^{r*}, x^*) \\ &= s_i^{r*} + g_{N_r,i}(x^*) + \bar{f}^r(s^{r*}, x^*). \end{aligned}$$
即
$$\min_{i \in N_r}[u_{N_r,i}(y_{N_r}', x_{-N_r}^*) - g_{N_r,i}(x^*) - s_i^{r*}] \geqslant \bar{f}^r(s^{r*}, x^*).$$

由上式可以推出
$$\begin{aligned} \bar{f}^r(s^{r*}, x^*) &\geqslant f_{N_r}^r(s^{r*}, x^*) \\ &= \max_{y_{N_r} \in G_{N_r}(x^*)} \min_{i \in N_r}[u_{N_r,i}(y_{N_r}, x_{-N_r}^*) - g_{N_r,i}(x^*) - s_i^{r*}] \\ &\geqslant \min_{i \in N_r}[u_{N_r,i}(y_{N_r}', x_{-N_r}^*) - g_{N_r,i}(x^*) - s_i^{r*}] \\ &\geqslant \bar{f}^r(s^{r*}, x^*). \end{aligned}$$

因而可得

$$f_{N_r}^r(s^{r^*}, x^*) = \bar{f}^r(s^{r^*}, x^*).$$

我们验证 x^* 为 Γ 的混合均衡. 反证如果 x^* 不是 Γ 的混合均衡. 那么存在 $r \in \bar{R}, B \in \mathcal{N}_r, \bar{y}_B \in G_B(x^*)$,

$$u_{B,i}(\bar{y}_B, x^*_{-N_r}) > u_{N_r,i}(x^*_{N_r}, x^*_{-N_r}), \quad \forall i \in B.$$

结合

$$\mu_{N_r,i}^r(s^{r^*}, x^*) \leqslant u_{N_r,i}(x^*_{N_r}, x^*_{-N_r}), \quad \forall i \in N_r,$$

可得对任意 $i \in B$,

$$u_{B,i}(\bar{y}_B, x^*_{-N_r}) > \mu_{N_r,i}^r(s^{r^*}, x^*)$$
$$= \bar{\mu}^r(s^{r^*}, x^*)$$
$$= s_i^{r^*} + g_{N_r,i}(x^*) + \bar{f}^r(s^{r^*}, x^*).$$

因此有

$$f_B^r(s^{r^*}, x^*) = \max_{y_B \in G_B(x^*)} \min_{i \in B}[u_{B,i}(y_B, x^*_{-N_r}) - g_{N_r,i}(x^*) - s_i^{r^*}]$$
$$\geqslant \min_{i \in B}[u_{B,i}(\bar{y}_B, x^*_{-N_r}) - g_{N_r,i}(x^*) - s_i^{r^*}]$$
$$> \bar{f}^r(s^{r^*}, x^*).$$

这是一个矛盾. 证毕.

注 8.1 当

$$G_B(x) = X_B, \quad \forall B \in \mathcal{N}, \quad \forall x \in X,$$

上述模型退化为一般策略型博弈 $\Gamma = \{\Gamma_r \mid r \in \bar{R}\}$, 这里

$$\Gamma_r = \{((X_i)_{i \in B}, (u_B(\bullet, x_{-N_r}))_{B \in \mathcal{N}_r}) \mid x_{-N_r} \in X_{-N_r}\}.$$

定义 8.3 给定 $r \in \bar{R}$, 对任意 $x_{-N_r} \in X_{-N_r}$, $v \in R^{|N_r|}$, 任意 $\mathcal{N}_r$ 中的平衡集 β, 如果存在 $y_B \in X_B$ 使得

$$u_B(y_B, x_{-N_r}) - v_B \in R_+^{|B|},$$

那么存在 $y'_{N_r} \in X_{N_r}$ 使得

$$u_{N_r}(y'_{N_r}, x_{-N_r}) - v \in R_+^{|N_r|},$$

则称 Γ_r 为平衡的.

定义 8.4 如果存在 $x^* \in X$ 使得对任意 $r \in \bar{R}$, 任意 $B \in \mathcal{N}_r$ 都不存在 $y_B \in X_B$ 使得

$$u_B(y_B, x^*_{-N_r}) - (u_{N_r}(x^*_{N_r}, x^*_{-N_r}))_B \in int R_+^{|B|}.$$

则称 x^* 为一般策略博弈 Γ 的混合均衡.

由定理 8.1, 下面结论显然成立.

定理 8.2 一般策略型博弈 $\Gamma = \{\Gamma_r \mid r \in \bar{R}\}$ 满足下面条件:

(i) 对任意 $i \in N$, $X_i \subset R^{k_i}$ 为非空凸紧的;

(ii) 对任意 $r \in \bar{R}, B \in \mathcal{N}_r$, u_B 为连续的, 且对任意固定 $x_{-N_r} \in X_{-N_r}$ 和任意 $i \in B$,

$u_{B,i}(\cdot, x_{-N_r})$ 为拟凹的;

(iii) 对任意 $r \in \bar{R}$, Γ_r 为平衡的.

那么一般策略型博弈 Γ 存在混合均衡.

记 $p = \{N_r \mid r \in \bar{R}\}$ 为一个联盟结构.一个具有联盟结构的规范型博弈表示为

$$\Gamma = (p, (X_i, u_i)_{i \in N}).$$

一个具有联盟结构的非序偏好博弈表示为

$$\Gamma = (p, (X_i, H_i)_{i \in N}).$$

定义 8.5 如果存在策略组合 $x^* \in X$,使得对任意 $r \in \bar{R}$, $B \in \mathcal{N}_r$,都不存在 $y_B \in X_B$ 满足

$$u_i(y_B, z_{N_r-B}, x^*_{-N_r}) > u_i(x^*_{N_r}, x^*_{-N_r}), \forall z_{N_r-B} \in X_{N_r-B}, \forall i \in B,$$

则称 x^* 为具有联盟结构规范型博弈 $\Gamma = (p, (X_i, u_i)_{i \in N})$ 的一个混合均衡.

定义 8.6 如果存在策略组合 $x^* \in X$,使得对任意 $r \in \bar{R}$, $B \in \mathcal{N}_r$,都不存在 $y_B \in X_B$ 满足

$$\{y_B\} \times X_{N_r-B} \times \{x^*_{-N_r}\} \subset H_i(x^*), \forall i \in B,$$

则称 x^* 为具有联盟结构非序偏好博弈 $\Gamma = (p, (X_i, H_i)_{i \in N})$ 的一个混合均衡.

定理 8.3 具有联盟结构规范型博弈 $\Gamma = (p, (X_i, u_i)_{i \in N})$ 满足下面条件:

(i) 对任意 $i \in N$, $X_i \subset R^{k_i}$ 为非空凸紧的;

(ii) 对任意 $i \in N$, u_i 为连续拟凹的.

那么 Γ 存在一个混合均衡.

证明: 对任意 $r \in \bar{R}$, $B \in \mathcal{N}_r$, 定义 $\hat{u}_B: X_B \times X_{-N_r} \rightrightarrows R^{|B|}$ 如下:

$$\hat{u}_{B,i}(y_B, x_{-N_r}) = \min_{z_{N_r-B} \in X_{N_r-B}} u_i(y_B, z_{N_r-B}, x_{-N_r})$$

$$\hat{u}_B(y_B, x_{-N_r}) = (\hat{u}_{B,i}(y_B, x_{-N_r}))_{i \in B},$$

$$\hat{u}_{N_r,i}(y_{N_r}, x_{-N_r}) = u_i(y_{N_r}, x_{-N_r}),$$

$$\hat{u}_{N_r}(y_{N_r}, x_{-N_r}) = (u_i(y_{N_r}, x_{-N_r}))_{i \in N_r}.$$

明显 $\hat{u}_B$ 为连续的,且对任意 $x_{-N_r} \in X_{-N_r}$ 和任意 $i \in B$, $\hat{u}_{B,i}(\cdot, x_{-N_r})$ 为拟凹的.我们只需验证对任意 $r \in \bar{R}$,

$$\hat{\Gamma}_r = \{((X_i)_{i \in N_r}, (\hat{u}_B(\cdot, x_{-N_r}))_{B \in \mathcal{N}_r}) \mid x_{-N_r} \in X_{-N_r}\}$$

为平衡的.

对任意 $r \in \bar{R}$, $v \in R^{|N_r|}$, $x_{-N_r} \in X_{-N_r}$,任给 $\mathcal{N}_r$ 中一个平衡集 β 具有平衡权重

$$\{\lambda_B > 0: B \in \beta\}$$

使得对任意 $B \in \beta$, 存在 $y_B \in X_B$ 满足,

$$\hat{u}_{B,i}(y_B, x_{-N_r}) = \min_{z_{N_r-B} \in X_{N_r-B}} u_i(y_B, z_{N_r-B}, x_{-N_r}) \geqslant v_i, \forall i \in B.$$

定义 $y'_{N_r} \in X_{N_r}$ 使得

$$y'_i = \sum_{B \in \beta, B \ni i} \lambda_B (y_B)_i, \ \forall i \in N_r.$$

对任意固定 $i \in N_r$，y'_{N_r} 也可表示为

$$y'_{N_r} = \sum_{B \in \beta, B \ni i} \lambda_B \bar{y}^B,$$

这里 $\bar{y}^B \in X_{N_r}$，$\forall B \in \beta$，且

$$\bar{y}^B_j = (y_B)_j, \ \forall j \in B,$$

$$\bar{y}^B_j = \frac{\sum_{C \in \beta, C \ni j, C \not\ni i} \lambda_C (y_C)_j}{\sum_{C \in \beta, C \ni j, C \not\ni i} \lambda_C}, \ \forall j \notin B.$$

那么利用 u_i 的拟凹性，有

$$\hat{u}_{N_r, i}(y'_{N_r}, x_{-N_r})$$
$$= u_i(y'_{N_r}, x_{-N_r})$$
$$= u_i\Big(\sum_{B \in \beta, B \ni i} \lambda_B \bar{y}^B, x_{-N_r}\Big)$$
$$\geq \min\{u_i(\bar{y}^B, x_{-N_r}) \mid B \in \beta, B \ni i\}$$
$$\geq \min\Big\{\min_{z_{N_r-B} \in X_{N_r-B}} u_i(y_B, z_{N_r-B}, x_{-N_r}) : B \in \beta, B \ni i\Big\} \geq v_i.$$

因此得证 Γ_r 为平衡的.

那么 $\Gamma = \{\Gamma_r \mid r \in \bar{R}\}$ 满足定理 8.2 的所有条件. 因而存在 $x^* \in X$ 使得对任意 $r \in \bar{R}$，$B \in \mathcal{N}_r$，都不存在 $y_B \in X_B$ 满足对任意 $i \in B$，

$$\min_{z_{N_r-B} \in X_{N_r-B}} u_i(y_B, z_{N_r-B}, x^*_{-N_r}) = \hat{u}_{B, i}(y_B, x^*_{-N_r})$$
$$> u_{N_r, i}(x^*_{N_r}, x^*_{-N_r})$$
$$= u_i(x^*).$$

得证 x^* 为具有联盟结构规范型博弈 $\Gamma = (p, (X_i, u_i)_{i \in N})$ 的混合均衡.

注 8.2 当 $p = \{N\}$，定理 8.3 退化为 α 核存在性定理(定理 5.1). 当 $p = \{\{i\} \mid i \in N\}$，定理 8.3 退化为 Nash 均衡存在性定理(定理 2.1).

定理 8.4 具有联盟结构的非序偏好博弈 $\Gamma = (p, (X_i, H_i)_{i \in N})$ 满足下面条件：

(i) 对任意 $i \in N$，$X_i \subset R^{k_i}$ 为非空凸紧的；

(ii) 对任意 $i \in N$，H_i 具有开图凸值，且 $x \notin H_i(x)$，$\forall x \in X$.

那么 Γ 存在一个混合均衡.

证明：对任意 $i \in N$，定义函数 $u_i : X \times X \to R$ 如下：

$$u_i(x, y) = d((x, y), Graph (H_i)^c).$$

由定理 3.2 中论述，

u_i 为连续；

$u_i(x, \cdot)$ 拟凹, $\forall x \in X$;

$u_i(x, y) \geqslant 0$, $\forall (x, y) \in X \times X$;

$u_i(x, y) > 0$ 当且仅当 $y \in H_i(x)$;

$u_i(x, x) = 0$, $\forall x \in X$.

对任意 $r \in \bar{R}$, $B \in \mathcal{N}_r$, 定义 $\hat{u}_B: X_B \times X_{-N_r} \times X \rightrightarrows R^{|B|}$ 如下:

$$\hat{u}_{B,i}(y_B, x_{-N_r}, z) = \min_{z'_{N_r-B} \in X_{N_r-B}} u_i(z, y_B, z'_{N_r-B}, x_{-N_r}),$$

$$\hat{u}_B(y_B, x_{-N_r}, z) = (\hat{u}_{B,i}(y_B, x_{-N_r}, z))_{i \in B},$$

$$\hat{u}_{N_r,i}(y_{N_r}, x_{-N_r}, z) = u_i(z, y_{N_r}, x_{-N_r}),$$

$$\hat{u}_{N_r}(y_{N_r}, x_{-N_r}, z) = (u_i(z, y_{N_r}, x_{-N_r}))_{i \in N_r}.$$

进一步,定义函数 $\hat{u}_{\{0\}}: X \times X \to R$ 如下

$$\hat{u}_{\{0\}}(z, x) = -\|z - x\|.$$

明显, $\hat{u}_B$ 为连续,且对任意 $(x_{-N_r}, z) \in X_{-N_r} \times X$ 和任意 $i \in B$, 有 $\hat{u}_{B,i}(\cdot, x_{-N_r}, z)$ 在 X_B 上为拟凹的.此外, $\hat{u}_{\{0\}}$ 在 X 上为连续凹的.策略性博弈定义如下:

$$\hat{\Gamma} = \{\Gamma_r \mid r \in \bar{R}\} \cup \{\Gamma_0\},$$

$$\hat{\Gamma}_r = \{((X_i)_{i \in N_r}, (u_B(\cdot, x_{-N_r}, z))_{B \in \mathcal{N}_r}) \mid (x_{-N_r}, z) \in X_{-N_r} \times X\},$$

$$\hat{\Gamma}_0 = \{(X, \hat{u}_{\{0\}}(\cdot, x)) \mid x \in X\}.$$

采用定理 8.3 中的相同分析,可得对任意 $r \in \bar{R}$, $\hat{\Gamma}_r$ 为平衡的.此外明显 $\hat{\Gamma}_0$ 为平衡的.那么博弈 $\hat{\Gamma}$ 满足定理 8.1 中所有条件.因此存在 $(x^*, z^*) \in X \times X$ 使得

$$\hat{u}_{\{0\}}(z^*, x^*) = -\|z^* - x^*\|$$

$$= \max_{z \in X} \hat{u}_{\{0\}}(z, x^*)$$

$$= \max_{z \in X} \{-\|z - x^*\|\} = 0,$$

即可得 $z^* = x^*$. 而且对任意 $r \in \bar{R}$, $B \in \mathcal{N}_r$ 都不存在 $y_B \in X_B$ 使得对任意 $i \in B$,

$$\hat{u}_{B,i}(y_B, x^*_{-N_r}, z^*)$$

$$= \min_{z'_{N_r-B} \in X_{N_r-B}} u_i(z^*, y_B, z'_{N_r-B}, x^*_{-N_r})$$

$$> \hat{u}_{N_r,i}(x^*_{N_r}, x^*_{-N_r}, z^*)$$

$$= u_i(x^*, x^*_{N_r}, x^*_{-N_r})$$

$$= 0, \forall z'_{N_r-B} \in X_{N_r-B}, \forall i \in B,$$

$$\Leftrightarrow \{y_B\} \times X_{N_r-B} \times \{x^*_{-N_r}\} \subset H_i(x^*), \forall i \in B.$$

得证 x^* 为具有联盟结构非序偏好博弈 Γ 的混合均衡.

第 9 讲
规范型博弈中的可传递效用
α 核与 β 核

本讲假设规范型博弈中效用函数具有可传递性,参考可传递效用合作博弈中核的定义,构建出规范型博弈中的可传递效用 α 核与 β 核.利用可传递效用合作博弈中核存在性定理,本讲证明可传递效用 α 核与 β 核的存在性,并应用到寡头市场中,主要参考了文献 Zhao(1999a,1999b).

设 $N=\{1,\cdots,n\}$ 为局中人集合,

$\mathcal{N}=\{B \mid B \subseteq N\}$ 为联盟集,

对任意 $i \in N$,局中人 i 有一个策略集 X_i;记

$$X = \prod_{i \in N} X_i,$$

$$X_B = \prod_{i \in B} X_i,$$

$$X_{-B} = \prod_{i \notin B} X_i, \quad \forall B \in \mathcal{N};$$

局中人 i 有一个效用函数 $u_i: X \to R$.

此时,一个规范型博弈可表示为

$$\Gamma = (X_i, u_i)_{i \in N}.$$

由于每一个局中人的效用具有可传递性,局中人将共谋最大化效用和,然后选择一个可行的利益分配方式,使之不能被任何联盟打破.

定义 9.1 如果存在策略组合和利益分配组合 $(x^*, \sigma) \in X \times R^n$,满足

(a)

$$\sum_{i \in N} \sigma_i = \sum_{i \in N} u_i(x^*) = \max_{y \in X} \sum_{i \in N} u_i(y);$$

(b) 对任意 $B \in \mathcal{N}$,

$$\sum_{i \in B} \sigma_i \geq \max_{y_B \in X_B} \min_{z_{-B} \in X_{-B}} \sum_{i \in B} u_i(y_B, z_{-B}),$$

则称 (x^*, σ) 在规范型博弈 $\Gamma = (X_i, u_i)_{i \in N}$ 的可传递效用 α 核中.

注 9.1 条件(b)也可表述为:对任意 $B \in \mathcal{N}$,都不存在 $y_B \in X_B$,使得

$$\sum_{i \in B} u_i(y_B, z_{-B}) > \sum_{i \in B} \sigma_i, \quad \forall z_{-B} \in X_{-B}.$$

为了证明可传递效用 α 核的存在性,Zhao(1999a)引入了规范型博弈的弱分离条件.

定义 9.2 如果对任意 $B \in \mathcal{N} \setminus N$,

$$\sum_{i \in B} u_i(y_B^*, z_{-B}^*(y_B^*)) = \max_{y_B \in X_B} \min_{z_{-B} \in X_{-B}} \sum_{i \in B} u_i(y_B, z_{-B}),$$

可得

$$u_i(y_B^*, z_{-B}^*(y_B^*)) = \min_{z_{-B} \in X_{-B}} u_i(y_B^*, z_{-B}), \quad \forall i \in B,$$

则称规范型博弈 $\Gamma = (X_i, u_i)_{i \in N}$ 具有弱分离性质.

定理 9.1 规范型博弈 $\Gamma=(X_i,u_i)_{i\in N}$ 满足下面条件:

(i) 对任意 $i\in N$, $X_i\subset R^{k_i}$ 为非空凸紧的;

(ii) 对任意 $i\in N$, u_i 为连续凹的;

(iii) Γ 具有弱分离性质.

那么规范型博弈 $\Gamma=(X_i,u_i)_{i\in N}$ 具有一个非空的可传递效用 α 核.

证明: 因为对任意 $i\in N$, u_i 在 X 上为连续的, 那么 $\sum_{i\in N}u_i(\cdot)$ 在 X 上为连续的. 结合 X 的紧性, 存在 $\bar{x}\in X$ 使得

$$\sum_{i\in N}u_i(\bar{x})=\max_{y\in X}\sum_{i\in N}u_i(y).$$

下面定义一个可传递效用合作博弈 $W: \mathcal{N}\to R$:

$$W(B)=\max_{y_B\in X_B}\min_{z_{-B}\in X_{-B}}\sum_{i\in B}u_i(y_B,z_{-B}), \ \forall B\in\mathcal{N}.$$

因为对任意 $i\in\mathcal{N}$, u_i 为连续的, 而且 X_i 为非空凸紧的, 所以对任意 $B\in\mathcal{N}$, $W(B)$ 是存在的. 我们下面通过验证可传递效用合作博弈 W 是平衡的.

任给定 $\mathcal{N}$ 中的一个平衡集 β, 而且拥有平衡权重

$$\{\lambda_B>0\mid B\in\beta\}.$$

因为对任意 $i\in N$, u_i 为连续的, 那么对任意 $B\in\beta$, 存在 $y_B\in X_B$, $z_{-B}(y_B)\in X_{-B}$ 使得

$$W(B)=\max_{y_B'\in X_B}\min_{z_{-B}'\in X_{-B}}\sum_{i\in B}u_i(y_B',z_{-B}')=\sum_{i\in B}u_i(y_B,z_{-B}(y_B)).$$

因为 $\Gamma=(X_i,u_i)_{i\in N}$ 具有弱分离性质, 那么对任意 $B\in\beta$, 任意 $i\in B$, 有

$$u_i(y_B,z_{-B}(y_B))=\min_{z_{-B}'\in X_{-B}}u_i(y_B,z_{-B}').$$

定义 $\tilde{y}\in X$ 满足

$$\tilde{y}=\sum_{B\in\beta,B\ni i}\lambda_B(y_B)_i, \ \forall i\in N.$$

对任意固定 $i\in N$, $\tilde{y}$ 也可以表示为

$$\tilde{y}=\sum_{B\in\beta,B\ni i}\lambda_B\bar{y}^B,$$

此时 $\bar{y}^B\in X$,

$$\bar{y}_j^B=(y_B)_j, \ \forall j\in B,$$

$$\bar{y}_j^B=\frac{\sum_{C\in\beta,C\ni j,C\not\ni i}\lambda_C(y_C)_j}{\sum_{C\in\beta,C\ni j,C\not\ni i}\lambda_C}, \ \forall j\notin B.$$

因为对任意 $i\in N$, u_i 在 X 上为凹的, 那么可得

$$\sum_{B\in\beta}\lambda_B W(B)=\sum_{B\in\beta}\lambda_B\sum_{i\in B}u_i(y_B,z_{-B}(y_B))$$

$$=\sum_{B\in\beta}\sum_{i\in B}\lambda_B u_i(y_B,z_{-B}(y_B))$$

$$= \sum_{i\in N}\sum_{B\in\beta, B\ni i}\lambda_B u_i(y_B, z_{-B}(y_B))$$

$$= \sum_{i\in N}\sum_{B\in\beta, B\ni i}\lambda_B \min_{z'_{-B}\in X_{-B}} u_i(y_B, z'_{-B})$$

$$\leqslant \sum_{i\in N}\sum_{B\in\beta, B\ni i}\lambda_B u_i(\bar{y}^B)$$

$$\leqslant \sum_{i\in N} u_i\Big(\sum_{B\in\beta, B\ni i}\lambda_B \bar{y}^B\Big)$$

$$= \sum_{i\in N} u_i(\widetilde{y})$$

$$\leqslant \max_{y\in X}\sum_{i\in N} u_i(y)$$

$$= W(N).$$

因此得证可传递效用合作博弈 W 为平衡的.

由上面的分析,可传递效用合作博弈 W 满足定理 4.1 的条件.因此存在 $\sigma\in R^n$ 使得

$$\sum_{i\in N}\sigma_i = W(N),$$

$$\sum_{i\in B}\sigma_i \geqslant W(B), \forall B\in\mathcal{N}.$$

那么可推出

$$\sum_{i\in N}\sigma_i = W(N) = \max_{y\in X}\sum_{i\in N} u_i(y) = \sum_{i\in N} u_i(\bar{x}),$$

$$\sum_{i\in B}\sigma_i \geqslant W(B) = \max_{y_B\in X_B}\min_{z_{-B}\in X_{-B}}\sum_{i\in B} u_i(y_B, z_{-B}), \forall B\in\mathcal{N}.$$

得证 $(\bar{x}, \sigma)$ 在规范型博弈 $\Gamma = (X_i, u_i)_{i\in N}$ 的可传递效用 α 核中.证毕.

Zhao(1999a)也把可传递效用 α 核应用到寡头市场中.

设 $N = \{1, \cdots, n\}$ 为厂商集合,

$\mathcal{N} = \{B \mid B \subseteq N\}$ 为联盟集,

每一个厂商 $i\in N$ 有一个产量约束 $\bar{y}_i > 0$,记

$$X_i = [0, \bar{y}_i],$$

$$X = \prod_{i\in N} X_i,$$

$$X_B = \prod_{i\in B} X_i,$$

$$X_{-B} = \prod_{i\notin B} X_i, \forall B\in\mathcal{N},$$

记 $C_i: X_i \to R$ 为厂商 i 的生产成本函数,

$p: R_+ \to R_+$ 为产品的反需求函数,

对市场的产量策略组合 $x = (x_1, \cdots, x_n)\in X$, $\sum_{j\in N} x_j$ 表示市场中的产品总量,产品

价格由 $p = p\big(\sum_{j \in N} x_j\big)$ 给出.

由上面的论述,厂商 i 的利润函数为

$$\pi_i(x) = x_i p\Big(\sum_{j \in N} x_j\Big) - C_i(x_i), \quad \forall x \in X.$$

因此寡头市场可由一个规范型博弈 $\Gamma = (X_i, \pi_i)_{i \in N}$ 表述.

定义 9.3 如果产量策略组合和利润分配组合 $(x^*, \sigma) \in X \times R^n$ 满足

(a)
$$\sum_{i \in N} \sigma_i = \sum_{i \in N} \pi_i(x^*) = \max_{y \in X} \sum_{i \in N} \pi_i(y),$$

(b) 对任意 $B \in \mathcal{N}$,
$$\sum_{i \in B} \sigma_i \geqslant \max_{y_B \in X_{-B}} \min_{z_{-B} \in X_{-B}} \sum_{i \in B} \pi_i(y_B, z_{-B}),$$

则称 (x^*, σ) 在寡头市场的可传递效用 α 核中.

定理 9.2 假设反需求函数 p 为单调递减的,而且对任意 $i \in N$,利润函数 π_i 在 X 上为连续凹的,那么寡头市场有一个非空的可传递效用 α 核.

证明:根据定理 9.1,只需证明规范型博弈 $\Gamma = (X_i, \pi_i)_{i \in N}$ 具有弱分离性质.

对任意 $B \in \mathcal{N}$,因为 π_i 在 X 上为连续的,而且 p 为单调递减,那么存在 $y_B^* \in X_B$ 使得

$$\sum_{i \in B} \pi_i(y_B^*, (\bar{y}_j)_{j \notin B})$$
$$= \min_{z_{-B} \in X_{-B}} \sum_{i \in B} \Big[y_i^* p\Big(\sum_{j \in B} y_j^* + \sum_{j \notin B} z_j\Big) - C_i(y_i^*)\Big]$$
$$= \max_{y_B \in X_B} \min_{z_{-B} \in X_{-B}} \sum_{i \in B} \Big[y_i p\Big(\sum_{j \in B} y_j + \sum_{j \notin B} z_j\Big) - C_i(y_i)\Big]$$
$$= \max_{y_B \in X_B} \min_{z_{-B} \in X_{-B}} \sum_{i \in B} \pi_i(y_B, z_{-B}).$$

利用 p 的单调递减性质,易得对任意 $i \in B$,

$$\pi_i(y_B^*, (\bar{y}_j)_{j \notin B}) = y_i^* p\Big(\sum_{j \in B} y_j^* + \sum_{j \notin B} \bar{y}_j\Big) - C_i(y_i^*)$$
$$= \min_{z_{-B} \in X_{-B}} \Big[y_i^* p\Big(\sum_{j \in B} y_j^* + \sum_{j \notin B} z_j\Big) - C_i(y_i^*)\Big]$$
$$= \min_{z_{-B} \in X_{-B}} \pi_i(y_B^*, z_{-B}).$$

因此规范型博弈 $\Gamma = (X_i, \pi_i)_{i \in N}$ 具有弱分离性质.证毕.

定义 9.4 如果存在策略组合和利益分配 $(x^*, \sigma) \in X \times R^n$,满足

(a)
$$\sum_{i \in N} \sigma_i = \sum_{i \in N} u_i(x^*) = \max_{y \in X} \sum_{i \in N} u_i(y),$$

(b) 对任意 $B \in \mathcal{N}$,

$$\sum_{i \in B} \sigma_i \geqslant \min_{z_{-B} \in X_{-B}} \max_{y_B \in X_B} \sum_{i \in B} u_i(y_B, z_{-B}),$$

则称 (x^*, σ) 在规范型博弈 $\Gamma = (X_i, u_i)_{i \in N}$ 的可传递效用 β 核中.

注 9.2 上述条件(b)也可表述为: 对任意 $B \in \mathcal{N}$, 任意 $z_{-B} \in X_{-B}$, 都不存在 $y_B \in X_B$ 使得

$$\sum_{i \in B} u_i(y_B, z_{-B}) > \sum_{i \in B} \sigma_i.$$

为了证明可传递效用 β 核的存在性, Zhao(1999b)引入了规范型博弈的强分离条件.

定义 9.5 如果对任意 $B \in \mathcal{N} \setminus N$,

$$\sum_{i \in B} u_i(y_B^*(z_{-B}^*), z_{-B}^*) = \min_{z_{-B} \in X_{-B}} \max_{y_B \in X_B} \sum_{i \in B} u_i(y_B, z_{-B}),$$

可得

$$u_i(y_B^*(z_{-B}^*), z_{-B}^*) = \min_{z_{-B} \in X_{-B}} u_i(y_B^*(z_{-B}^*), z_{-B}), \quad \forall i \in B,$$

则称规范型博弈 $\Gamma = (X_i, u_i)_{i \in N}$ 具有强分离性质.

定理 9.3 规范型博弈 $\Gamma = (X_i, u_i)_{i \in N}$ 满足下面条件:
(i) 对任意 $i \in N$, $X_i \subset R^{k_i}$ 为非空凸紧的;
(ii) 对任意 $i \in N$, u_i 为连续凹的;
(iii) Γ 具有强分离性;

那么规范型博弈 $\Gamma = (X_i, u_i)_{i \in N}$ 具有一个非空的可传递效用 β 核.

证明: 因对任意 $i \in N$, u_i 在 X 上为连续的, 那么 $\sum_{i \in N} u_i(\cdot)$ 在 X 上连续. 结合 X 的非空紧性, 存在 $\bar{x} \in X$ 使得

$$\sum_{i \in N} u_i(\bar{x}) = \max_{y \in X} \sum_{i \in N} u_i(y).$$

下面定义一个可传递效用合作博弈 $W: \mathcal{N} \to R$:

$$W(B) = \min_{z_{-B} \in X_{-B}} \max_{y_B \in X_B} \sum_{i \in B} u_i(y_B, z_{-B}), \quad \forall B \in \mathcal{N}.$$

利用 u_i 的连续性, 可得 $W(B)$ 为存在的.

任给 $\mathcal{N}$ 中一个平衡集 Ω, 且拥有平衡权重

$$\{\lambda_B > 0 \mid B \in \Omega\},$$

那么对任意 $B \in \Omega$, 存在 $z_{-B} \in X_{-B}$, $y_B(z_{-B}) \in X_B$ 使得

$$W(B) = \min_{z'_{-B} \in X_{-B}} \max_{y'_B \in X_B} \sum_{i \in B} u_i(y'_B, z'_{-B}) = \sum_{i \in B} u_i(y_B(z_{-B}), z_{-B}).$$

由 Γ 的强分离性, 有

$$u_i(y_B(z_{-B}), z_{-B}) = \min_{z'_{-B} \in X_{-B}} u_i(y_B(z_{-B}), z'_{-B}), \quad \forall i \in B,$$

定义 $\tilde{y} \in X$ 使得

$$\tilde{y}_i = \sum_{B \in \Omega, B \ni i} \lambda_B (y_B(z_{-B}))_i, \quad \forall i \in N.$$

对任意固定 $i \in N$，$\widetilde{y}$ 也表示为

$$\widetilde{y} = \sum_{B \in \Omega, B \ni i} \lambda_B \bar{y}^B,$$

$$\bar{y}^B \in X,$$

$$\bar{y}_j^B = (y_B(z_{-B}))_j, \quad \forall j \in B;$$

$$\bar{y}_j^B = \frac{\sum_{C \in \Omega, C \ni j, C \not\ni i} \lambda_C (y_B(z_{-B}))_j}{\sum_{C \in \Omega, C \ni j, C \not\ni i} \lambda_C}, \quad \forall j \notin B.$$

因为对任意 $i \in N$，u_i 为凹的，那么有

$$\sum_{B \in \Omega} \lambda_B W(B) = \sum_{B \in \Omega} \lambda_B \sum_{i \in B} u_i(y_B(z_{-B}), z_{-B})$$

$$= \sum_{i \in N} \sum_{B \in \Omega, B \ni i} \lambda_B u_i(y_B(z_{-B}), z_{-B})$$

$$= \sum_{i \in N} \sum_{B \in \Omega, B \ni i} \lambda_B \min_{z'_{-B} \in X_{-B}} u_i(y_B(z_{-B}), z'_{-B})$$

$$\leqslant \sum_{i \in N} \sum_{B \in \Omega, B \ni i} \lambda_B u_i(\bar{y}^B)$$

$$\leqslant \sum_{i \in N} u_i\left(\sum_{B \in \Omega} \lambda_B \bar{y}^B\right) = \sum_{i \in N} u_i(\widetilde{y})$$

$$\leqslant \max_{y \in X} \sum_{i \in N} u_i(y)$$

$$= W(N).$$

得证 W 为平衡的．

由定理 4.1，存在 $\sigma \in R^n$ 使得

$$\sum_{i \in N} \sigma_i = W(N),$$

$$\sum_{i \in B} \sigma_i \geqslant W(B), \quad \forall B \in \mathcal{N}.$$

得证 $(\bar{x}, \sigma)$ 在规范型博弈 $\Gamma = (X_i, u_i)_{i \in N}$ 的可传递效用 β 核中，证毕.

定理 9.4 在定理 9.3 的条件下，可传递效用 α 核等价于可传递效用 β 核．

证明：对任意 $B \in \mathcal{N}$，

$$W_\beta(B) = \min_{z_{-B} \in X_{-B}} \max_{y_B \in X_B} \sum_{i \in B} u_i(y_B, z_{-B})$$

$$\geqslant \max_{y_B \in X_B} \min_{z_{-B} \in X_{-B}} \sum_{i \in B} u_i(y_B, z_{-B})$$

$$= W_\alpha(B).$$

此外，利用强分离性，如果

$$\sum_{i \in B} u_i(y_B^*(z_{-B}^*), z_{-B}^*) = \min_{z_{-B} \in X_{-B}} \max_{y_B \in X_B} \sum_{i \in B} u_i(y_B(z_{-B}), z_{-B}),$$

有

$$u_i(y_B^*(z_{-B}^*), z_{-B}^*) = \min_{z_{-B} \in X_{-B}} u_i(y_B^*(z_{-B}^*), z_{-B}), \ \forall i \in B.$$

因此有

$$W_\beta(B) = \min_{z_{-B} \in X_{-B}} \sum_{i \in B} u_i(y_B^*(z_{-B}^*), z_{-B})$$

$$\leqslant \max_{y_B \in X_B} \min_{z_{-B} \in X_{-B}} \sum_{i \in B} u_i(y_B, z_{-B})$$

$$= W_\alpha(B).$$

证毕.

第 10 讲
交换经济

纯交换经济由参与人集合、参与人禀赋和效用函数组成.在模型中,参与人为了自身效用最大化,根据不同价格下的预算约束购买或者售卖自己的禀赋,进而形成商品的需求和供给.本讲定义出交换经济中的核和竞争均衡,讨论二者的关系,并利用 Kakutani 不动点定理证明竞争均衡的存在性.本讲主要参考文献为 Florenzano(2003),Suzuki(2009).

设 $N=\{1,\cdots,n\}$ 为消费者集合,

$\mathcal{N}=\{B\mid B\subseteq N\}$ 为联盟集,

市场中具有 $L\geqslant 1$ 个商品,

记 R_+^L 为商品空间.

价格空间记为

$$\Delta=\Big\{p\in R_+^L\ \Big|\ \sum_{l=1}^L p_l=1\Big\},$$

p_l 为第 l 种商品的结果.

对任意 $i\in N$,消费者 i 具有商品初始禀赋 $w_i\in R_+^L$ 和一个效用函数 $u_i:R_+^L\to R$.

因此,一个交换经济表示为

$$\mathcal{E}=(R_+^L,(w_i,u_i)_{i\in N}).$$

对任意 $i\in N$,$p\in\Delta$,消费者 i 的预算集表示为

$$G_i(p)=\{x_i\in R_+^L\mid p\cdot x_i\leqslant p\cdot w_i\}.$$

进一步,对任意 $B\in\mathcal{N}$,联盟 B 的可行分配集为

$$\hat{X}_B=\Big\{(x_i)_{i\in B}\in R_+^{L\times B}\mid \sum_{i\in B}x_i\leqslant \sum_{i\in B}w_i\Big\}.$$

定义 10.1 如果存在分配组合 $x^*\in\hat{X}_N$,满足对任意 $B\in\mathcal{N}$,都不存在 $(y_i)_{i\in B}\in\hat{X}_B$ 使得

$$u_i(y_i)>u_i(x_i^*),\ \forall i\in B,$$

则称 x^* 为 $\mathcal{E}$ 的核中.

定义 10.2 如果存在 $(x^*,p^*)\in R_+^{L\times n}\times\Delta$,使得对任意 $i\in N$,$x_i^*\in G_i(p^*)$ 且

$$u_i(x_i^*)=\max_{y_i\in G_i(p^*)}u_i(y_i),$$

并且

$$\sum_{i\in N}x_i^*\leqslant\sum_{i\in N}w_i,$$

则称 (x^*,p^*) 为 $\mathcal{E}$ 的竞争均衡.

定理 10.1 每一个竞争均衡分配在核中.

证明:设 $(x^*,p^*)\in R_+^{L\times n}\times\Delta$ 为 $\mathcal{E}$ 的竞争均衡.反证 x^* 不在 $\mathcal{E}$ 的核中.那么存在 $B\in\mathcal{N}$,$(y_i)_{i\in B}\in\hat{X}_B$ 使得

$$\sum_{i \in B} y_i \leqslant \sum_{i \in B} w_i,$$
$$u_i(y_i) > u_i(x_i^*), \forall i \in B.$$

因 (x^*, p^*) 为竞争均衡,那么
$$u_i(y_i) > u_i(x_i^*), \forall i \in B,$$
$$\Rightarrow y_i \notin G_i(p^*), \forall i \in B,$$

即
$$p^* \cdot y_i > p^* \cdot w_i, \forall i \in B.$$

上面不等式相加,可得
$$p^* \cdot \sum_{i \in B} y_i > p^* \cdot \sum_{i \in B} w_i.$$

由
$$\sum_{i \in B} y_i \leqslant \sum_{i \in B} w_i,$$

可得
$$p^* \cdot \sum_{i \in B} y_i \leqslant p^* \cdot \sum_{i \in B} w_i.$$

得到一个矛盾.证毕.

定理 10.2 交换经济 $\mathcal{E} = (R_+^L, (w_i, u_i)_{i \in N})$ 满足下面条件:
(i) 对任意 $i \in N$, $w_i \in intR_+^L$;
(ii) 对任意 $i \in N$, u_i 为连续拟凹的.
那么 $\mathcal{E}$ 存在竞争均衡.

证明: 首先对模型进行紧化.对任意 $k > \|\sum_{i \in N} w_i\|$,定义
$$X_i^k = \{x_i \in R_+^L \mid \|x_i\| \leqslant k\}, \forall i \in N;$$
$$X^k = \prod_{i \in N} X_i^k;$$
$$G_i^k(p) = \{x_i \in X_i^k \mid p \cdot x_i \leqslant p \cdot w_i\}, \forall p \in \Delta, \forall i \in N;$$
$$F_i^k(p) = \{x_i \in X_i^k \mid p \cdot x_i < p \cdot w_i\}, \forall p \in \Delta, \forall i \in N;$$
$$H_i^k(x_i) = \{y_i \in X_i^k \mid u_i(y_i) > u_i(x_i)\}, \forall x_i \in X_i^k, \forall i \in N.$$

由上面的定义和 $w_i \in intR_+^L, \forall i \in N$,易得 G_i^k 为上半连续具有非凸紧值,F_i^k 具有开图非空凸值,而且
$$clF_i^k(p) = G_i^k(p), \forall p \in \Delta, \forall i \in N.$$

因对任意 $i \in N$, u_i 为连续拟凹的,那么对任意 $i \in N$, H_i^k 具有开图凸值且
$$x_i \notin H_i^k(x_i), \forall x_i \in X_i^k.$$

对任意 $i \in N$,记

$$\Omega_i^k = \{(x_i, p) \in X_i^k \times \Delta \mid F_i^k(p) \cap H_i^k(x_i) \neq \varnothing\}.$$

易得

$$\Omega_i^k = \bigcup_{y_i \in X_i^k} \{(x_i, p) \in X_i^k \times \Delta \mid y_i \in F_i^k(p) \cap H_i^k(x_i)\}$$

为 $X_i^k \times \Delta$ 中开集. 由定理 1.12, 存在一个连续函数 $f_i^k: \Omega_i^k \to X_i^k$ 使得

$$f_i^k(x_i, p) \in F_i^k(p) \cap H_i^k(x_i), \quad \forall (x_i, p) \in \Omega_i^k.$$

对任意 $i \in N$, 定义集值映射 $\varphi_i^k: X_i^k \times \Delta \rightrightarrows X_i^k$ 如下:

$$\varphi_i^k(x_i, p) = \begin{cases} f_i^k(x_i, p), & \forall (x_i, p) \in \Omega_i^k, \\ G_i^k(p), & \forall (x_i, p) \notin \Omega_i^k. \end{cases}$$

易得 φ_i^k 为上半连续具有非空凸紧值.

此外, 定义集值映射 $\varphi_0^k: X^k \rightrightarrows \Delta$ 如下:

$$\varphi_0^k(x) = \left\{ p \in \Delta \mid p \cdot \sum_{i \in N}(x_i^k - w_i) = \max_{q \in \Delta}\left\{q \cdot \sum_{i \in N}(x_i^k - w_i)\right\}\right\}.$$

定义集值映射 $\varphi^k: X^k \times \Delta \rightrightarrows X^k \times \Delta$ 如下:

$$\varphi^k(x, p) = \prod_{i \in N} \varphi_i^k(x_i, p) \times \varphi_0^k(x).$$

我们可得 φ^k 为上半连续具有非空凸紧值, 且 X^k 与 Δ 为非空凸紧的. 那么由定理 1.8, 存在 $(x^k, p^k) \in X^k \times \Delta$ 使得

$$(x^k, p^k) \in \varphi^k(x^k, p^k).$$

我们验证对任意 $i \in N, (x_i^k, p^k) \notin \Omega_i^k$. 如果存在 $i \in N$ 使得 $(x_i^k, p^k) \in \Omega_i^k$, 那么有

$$x_i^k = f_i^k(x_i^k, p^k)$$
$$\in F_i^k(p^k) \cap H_i^k(x_i^k)$$
$$\subset H_i(x_i^k).$$

这是一个矛盾. 因此对任意 $i \in N, (x_i^k, p^k) \notin \Omega_i^k$, 即有

$$x_i^k \in G_i^k(p^k) \text{ 且 } F_i^k(p^k) \cap H_i^k(x_i^k) = \varnothing.$$

由 $x_i^k \in G_i^k(p^k), \forall i \in N$, 我们可得出

$$p^k \cdot x_i^k \leqslant p^k \cdot w_i, \quad \forall i \in N,$$

相加可得

$$p^k \cdot \sum_{i \in N}(x_i^k - w_i) \leqslant 0.$$

因 $p^k \in \varphi_0(x^k)$, 那么对任意 $q \in \Delta$, 可得

$$q \cdot \sum_{i \in N}(x_i^k - w_i) \leqslant p^k \cdot \sum_{i \in N}(x_i^k - w_i) \leqslant 0.$$

进而有
$$\sum_{i\in N} x_i^k \leqslant \sum_{i\in N} w_i.$$

可导出 x^k 在紧集 $[0, \sum_{i\in N} w_i]$ 中.不失一般性,假设
$$(x^k, p^k) \to (x^*, p^*) \in R_+^{L\times n} \times \Delta$$

满足
$$\sum_{i\in N} x_i^* \leqslant \sum_{i\in N} w_i.$$

因
$$p^k \cdot x_i^k \leqslant p^k \cdot w_i, \forall i \in N,$$

那么当 $k \to +\infty$ 时,有
$$p^* \cdot x_i^* \leqslant p^* \cdot w_i, \forall i \in N,$$

即 $x_i^* \in G_i(p^*), \forall i \in N$.

我们验证 (x^*, p^*) 为 $\mathcal{E}$ 的一个竞争均衡.反证如果存在 $i \in N$, $y_i \in G_i(p^*)$ 使得
$$u_i(y_i) > u_i(x_i^*).$$

因 $F_i(p^*) \neq \varnothing$, $clF_i(p^*) = G_i(p^*)$,且 u_i 为连续的,那么存在序列 $y_i^m \in F_i(p^*)$ 使得 $y_i^m \to y_i$ 且
$$u_i(y_i^m) > u_i(x_i^*).$$

可得
$$H_i(x_i^*) \bigcap F_i(p^*) \neq \varnothing.$$

即存在
$$\bar{y}_i \in H_i(x_i^*) \bigcap F_i(p^*).$$

那么存在 $k_0 > 0$,
$$\bar{y}_i \in int X_i^{k_0}, x_i^* \in int X_i^{k_0}.$$

因 H_i 和 F_i 具有开图,那么存在 $k_1 > k_0$ 使得对任意 $k > k_1$ 有
$$\bar{y}_i \in int X_i^{k_0} \subset X_i^k,$$
$$x_i^* \in int X_i^{k_0} \subset X_i^k,$$
$$\bar{y}_i \in H_i(x_i^k) \bigcap F_i(p^k),$$

即
$$H_i(x_i^k) \bigcap F_i(p^k) \neq \varnothing,$$

得到一个矛盾.得证 (x^*, p^*) 为 $\mathcal{E}$ 的一个竞争均衡.

第 11 讲
生产经济

生产经济由有限个消费者和生产者组成,是纯交换经济的扩展模型.在某个价格下,消费者会根据自身的预算约束进行效用最大化消费,生产者也会根据利润最大化原则进行生产,进而形成商品的需求和供给.本讲定义出生产经济中的核和竞争均衡,讨论二者的关系,并利用广义博弈中非合作均衡存在性定理证明竞争均衡的存在性,主要参考了文献 Arrow 和 Debreu (1954),Florenzano(2003),Suzuki(2009).

我们假设

$N = \{1, \cdots, n\}$ 为消费者集合,

$\mathcal{N} = \{B \mid B \subseteq N\}$ 为消费者联盟,

$M = \{1, \cdots, m\}$ 为生产者集合,

市场中有 $L \geq 1$ 个商品,

R_+^L 为商品空间,

价格空间记为

$$\Delta = \left\{ p = (p_l)_{l=1}^L \in R_+^L \mid \sum_{l=1}^L p_l = 1 \right\},$$

p_l 为第 l 种商品的价格.

对任意 $i \in N$,消费者 i 具有商品初始禀赋 $w_i \in R_+^L$ 和一个效用函数 $u_i : R_+^L \to R$.

对任意 $j \in M$,生产者 j 具有生产集 $Y_j \subset R^L$.

对任意 $i \in N, j \in M, \theta_{ij} \in [0, 1]$ 表示消费者 i 对生产者 j 利润的分享率,且

$$\sum_{i \in N} \theta_{ij} = 1, \ \forall j \in M.$$

因此一个生产经济可以表示为

$$\mathcal{E} = (R_+^L, (X_i, w_i, u_i)_{i \in N}, (Y_j)_{j \in M}, (\theta_{ij})_{i \in N, j \in M}).$$

为了方便表述,记

$$X_i = R_+^L, \ \forall i \in N,$$

$$X_B = \prod_{i \in B} X_i, \ \forall B \in \mathcal{N};$$

$$X = \prod_{i \in N} X_i,$$

$$Y = \prod_{j \in M} Y_j.$$

消费者的目标是实现效用最大化,生产者的目标是实现利润最大化.对任意 $i \in N, p \in \Delta, y \in Y$,消费者 i 的预算集表示为

$$G_i(p, y) = \left\{ x_i \in X_i \mid p \cdot x_i \leq p \cdot w_i + \sum_{j \in M} \theta_{ij} \{ p \cdot y_j \} \right\}.$$

进一步,对任意 $B \in \mathcal{N}$,联盟 B 的可行分配集为

$$\hat{X}_B = \left\{ (x_i)_{i \in B} \in X_B \,\Big|\, \exists y \in Y, s.t. \sum_{i \in B} x_i \leqslant \sum_{i \in B} w_i + \sum_{i \in B} \sum_{j \in M} \theta_{ij} y_j \right\}.$$

定义 11.1 如果存在分配组合 $x^* \in X$ 使得 $x^* \in \hat{X}_N$ 且对任意 $B \in \mathcal{N}$，都不存在 $(x_i)_{i \in B} \in \hat{X}_B$ 满足

$$u_i(x_i) > u_i(x_i^*), \; \forall i \in B,$$

则称 x^* 在 $\mathcal{E}$ 的核中.

定义 11.2 如果存在 $(x^*, y^*, p^*) \in X \times Y \times \Delta$，使得
(i) 对任意 $i \in N$, $x_i^* \in G_i(p^*, y^*)$;
(ii) 对任意 $i \in N$,

$$u_i(x_i^*) = \max_{x_i \in G_i(p^*, y^*)} u_i(x_i);$$

(iii) 对任意 $j \in M$,

$$p^* \cdot y_j^* = \max_{y_j \in Y_j} \{p^* \cdot y_j\};$$

(iv)

$$\sum_{i \in N} x_i^* \leqslant \sum_{i \in N} w_i + \sum_{j \in M} y_j^*.$$

则称 (x^*, y^*, p^*) 为生产经济 $\mathcal{E}$ 的竞争均衡.

定理 11.1 每一个竞争均衡消费策略组合在核中.

证明： 设 (x^*, y^*, p^*) 为生产经济 $\mathcal{E}$ 的一个竞争均衡. 反证 x^* 不在 $\mathcal{E}$ 的核中. 那么存在 $B \in \mathcal{N}$, $(x_i)_{i \in B} \in \hat{X}_B$ 使得存在 $\bar{y} \in Y$,

$$\sum_{i \in B} x_i - \sum_{i \in B} w_i \leqslant \sum_{i \in B} \sum_{j \in M} \theta_{ij} \bar{y}_j,$$

$$u_i(x_i) > u_i(x_i^*), \; \forall i \in B.$$

因 (x^*, y^*, p^*) 为生产经济 $\mathcal{E}$ 的竞争均衡，那么 $x_i \notin G_i(p^*, y^*)$, $\forall i \in B$，即有

$$p^* \cdot x_i > p^* \cdot w_i + \sum_{j \in M} \{\theta_{ij} p^* \cdot y_j^*\}, \; \forall i \in B.$$

相加可得

$$p^* \cdot \Big(\sum_{i \in B} x_i - \sum_{i \in B} w_i\Big) > \sum_{i \in B} \sum_{j \in M} \{\theta_{ij} p^* \cdot y_j^*\}.$$

因

$$p^* \cdot y_j^* > p^* \cdot y_j, \; \forall y_j \in Y_j, \; \forall j \in M,$$

那么可得

$$p^* \cdot \sum_{i \in B} (x_i - w_i) > \sum_{i \in B} \sum_{j \in M} \{\theta_{ij} p^* \cdot \bar{y}_j\}.$$

又因

$$\sum_{i \in B} (x_i - w_i) \leqslant \sum_{i \in B} \sum_{j \in M} \{\theta_{ij} \bar{y}_j\},$$

可得
$$p^* \cdot \sum_{i \in B}(x_i - w_i) \leqslant \sum_{i \in B}\sum_{j \in M}\{\theta_{ij}p^* \cdot \bar{y}_j\}.$$

我们推出一个矛盾.证毕.

定理 11.2 生产经济
$$\mathcal{E} = (R_+^L, (X_i, w_i, u_i)_{i \in N}, (Y_j)_{j \in M}, (\theta_{ij})_{i \in N, j \in M})$$

满足下面条件：

(i) 对任意 $i \in N$，$w_i \in int R_+^L$；

(ii) 对任意 $i \in N$，u_i 为连续拟凹的；

(iii) 对任意 $j \in M$，Y_j 为非空凸闭的，$0 \in Y_j$；

(iv) 对任意 $z \in R^L$，集合
$$\left\{ y \in Y \,\Big|\, z \leqslant \sum_{j \in M} y_j \right\}$$

为有界的.

那么 $\mathcal{E}$ 存在一个竞争均衡 (x^*, y^*, p^*).

证明：首先对模型进行紧化.对任意 $k > \|\sum_{i \in N} w_i\|$，定义
$$X_i^k = \{x_i \in X_i \mid \|x_i\| \leqslant k\},$$
$$Y_j^k = \{y_j \in Y_j \mid \|y_j\| \leqslant k\},$$
$$X^k = \prod_{i \in N} X_i^k,$$
$$Y^k = \prod_{j \in M} Y_j^k.$$

明显对任意 $i \in N, j \in M$，X_i^k 和 Y_j^k 为 R^L 中的非空凸紧集.

对任意 $j \in M$，定义函数 $\hat{\pi}_j^k : \Delta \to R$ 如下：
$$\hat{\pi}_j^k(p) = \max_{y_j \in Y_j^k} \{p \cdot y_j\}.$$

利用定理 1.5，$\hat{\pi}_j^k$ 为连续的.由 $0 \in Y_j^k$，可得
$$\hat{\pi}_j^k(p) \geqslant 0, \ \forall p \in \Delta.$$

对任意 $i \in N$，定义集值映射 $F_i^k : \Delta \rightrightarrows X_i^k$ 如下：
$$F_i^k(p) = \left\{ x_i \in X_i^k \,\Big|\, p \cdot x_i \leqslant p \cdot w_i + \sum_{j \in M}\{\theta_{ij}\hat{\pi}_j^k(p)\} \right\}.$$

由
$$w_i \in int R_+^L, \ \forall i \in N,$$
$$\hat{\pi}_j^k(p) \geqslant 0, \ \forall p \in \Delta, \ \forall j \in M,$$

可得

$$0 \in F_i^k(p), \forall p \in \Delta.$$

因此，F_i^k 为非空值．进一步，明显 F_i^k 为凸值的，且具有闭图，那么 F_i^k 为上半连续具有非空凸紧值．

为了证明 F_i^k 为下半连续的，我们先记

$$f_i^k(p) = p \cdot w_i + \sum_{j \in M} \{\theta_{ij} \hat{\pi}_j^k(p)\}.$$

那么 f_i^k 为连续的，而且因为 $w_i \in int R_+^L$，可得

$$f_i^k(p) > 0, \forall p \in \Delta.$$

对任意 $p \in \Delta, p^t \in \Delta, p^t \to p, x_i \in F_i^k(p)$，如果

$$p \cdot x_i < f_i^k(p),$$

那么对任意充分大 $t > 0$ 有

$$p^t \cdot x_i < f_i^k(p^t),$$

即 $x_i \in F_i^k(p^t)$．得证 F_i^k 为下半连续的．

如果

$$p \cdot x_i = f_i^k(p).$$

因 $p \cdot 0 < f_i^k(p)$，那么存在 $t_0 > 0$，使得

$$p \cdot 0 < f_i^k(p^t), \forall t > t_0.$$

对任意 $t > t_0$，构建序列 $\{x_i^t \in X_i^k\}$ 分下面两种情形：
(a) 如果 $p^t \cdot x_i \leqslant f_i^k(p^t)$，则记 $x_i^t = x_i$．
(b) 如果 $p^t \cdot x_i > f_i^k(p^t)$，则记

$$x_i^t = \frac{f_i^k(p^t)}{p^t \cdot x_i} x_i.$$

那么

$$p^t \cdot x_i^t = \frac{f_i^k(p^t)}{p^t \cdot x_i} p^t \cdot x_i = f_i^k(p^t),$$

$$\frac{f_i^k(p^t)}{p^t \cdot x_i} \in [0, 1],$$

$$\frac{f_i^k(p^t)}{p^t \cdot x_i} \to \frac{f_i^k(p)}{p \cdot x_i} = 1,$$

$$x_i^t \to x_i,$$

即 $x_i^t \in F_i^k(p^t)$ 且 $x_i^t \to x_i$．得证 F_i^k 为下半连续的．

对任意 $j \in M$，定义生产者 j 的利润函数 $\pi_j^k : \Delta \times Y_j^k \to R$ 如下：

$$\pi_j^k(p, y_j) = p \cdot y_j.$$

明显 π_j^k 为连续,且对任意 $p \in \Delta$, $\pi_j^k(p, \cdot)$ 为线性的.

进一步,定义函数 $u_0: \Delta \times X^k \times Y^k \to R$ 如下:

$$u_0(p, x, y) = p \cdot \Big(\sum_{i \in N} x_i - \sum_{i \in N} w_i - \sum_{j \in M} y_j\Big).$$

因此得到一个广义博弈

$$\Gamma = ((X_i^k, F_i^k, u_i)_{i \in N}, (Y_j^k, \pi_j^k)_{j \in M}, (\Delta, u_0))$$

满足定理 3.1 的条件.那么存在 $(x^k, y^k, p^k) \in X^k \times Y^k \times \Delta$ 使得:

对任意 $i \in N$,

$$x_i^k \in F_i^k(p^k),$$

$$u_i(x_i^k) = \max_{z_i \in F_i^k(p^k)} u_i(z_i),$$

对任意 $j \in M$,

$$p^k \cdot y_j^k = \max_{y_j \in Y_j^k}\{p^k \cdot y_j\} = \hat{\pi}_j^k(p^k);$$

而且

$$p^k \cdot \Big(\sum_{i \in N} x_i^k - \sum_{i \in N} w_i - \sum_{j \in M} y_j^k\Big)$$
$$= \max_{q \in \Delta}\Big\{q \cdot \Big(\sum_{i \in N} x_i^k - \sum_{i \in N} w_i - \sum_{j \in M} y_j^k\Big)\Big\}.$$

因 $x_i^k \in F_i^k(p^k)$, $\forall i \in N$,可得对任意 $i \in N$,

$$p^k \cdot x_i^k \leqslant p^k \cdot w_i + \sum_{j \in M}\{\theta_{ij}\hat{\pi}_j^k(p^k)\}$$
$$= p^k \cdot w_i + \sum_{j \in M}\{\theta_{ij}p^k \cdot y_j^k\}.$$

相加可得

$$p^k \cdot \Big(\sum_{i \in N} x_i^k - \sum_{i \in N} w_i - \sum_{j \in M} y_j^k\Big)$$
$$= p^k \cdot \Big(\sum_{i \in N} x_i^k - \sum_{i \in N} w_i - \sum_{i \in N}\sum_{j \in M}\{\theta_{ij}y_j^k\}\Big)$$
$$\leqslant 0.$$

因而可得对任意 $q \in \Delta$,

$$q \cdot \Big(\sum_{i \in N} x_i^k - \sum_{i \in N} w_i - \sum_{j \in M} y_j^k\Big)$$
$$\leqslant p^k \cdot \Big(\sum_{i \in N} x_i^k - \sum_{i \in N} w_i - \sum_{j \in M} y_j^k\Big)$$
$$\leqslant 0,$$

即有

$$\sum_{i\in N}x_i^k \leqslant \sum_{i\in N}w_i + \sum_{j\in M}y_j^k.$$

因 $p^k \in \Delta$，Δ 为非空紧集的，不失一般性，设 $p^k \to p^* \in \Delta$. 进一步，因 $x^k \in R_+^{L\times n}$，且

$$\sum_{i\in N}x_i^k \leqslant \sum_{i\in N}w_i + \sum_{j\in M}y_j^k,$$

那么

$$y^k \in \left\{y \in Y \,\Big|\, -\sum_{i\in N}w_i \leqslant \sum_{j\in M}y_j\right\}.$$

由条件 (v) 和 Y 的非空闭性，可知

$$\left\{y \in Y \,\Big|\, -\sum_{i\in N}w_i \leqslant \sum_{j\in M}y_j\right\}$$

为非空紧的. 不失一般性，设

$$y^k \to y^* \in \left\{y \in Y \,\Big|\, -\sum_{i\in N}w_i \leqslant \sum_{j\in M}y_j\right\}.$$

对任意 $k > \|\sum_{i\in N}w_i\|$，因

$$\sum_{i\in N}x_i^k \leqslant \sum_{i\in N}w_i + \sum_{j\in M}y_j^k,$$

且 $y^k \to y^* \in Y$，那么对充分大的 k，有对任意 $i \in N$，

$$x_i^k \leqslant \sum_{i\in N}w_i + \sum_{j\in M}y_j^* + (1,\cdots,1).$$

因此，对任意大的 k，x_i^k 在非空紧集

$$\left[0, \sum_{i\in N}w_i + \sum_{j\in M}y_j^* + (1,\cdots,1)\right]$$

中. 不失一般性，设

$$x^k \to x^* \in \left[0, \sum_{i\in N}w_i + \sum_{j\in M}y_j^* + (1,\cdots,1)\right]^n.$$

因而当 $k \to +\infty$，可得

$$\sum_{i\in N}x_i^* \leqslant \sum_{i\in N}w_i + \sum_{j\in M}y_j^*.$$

下面验证 (x^*, y^*, p^*) 为生产经济 $\mathcal{E}$ 的竞争均衡.

首先，因 $x_i^k \in F_i^k(p^k)$，$\forall i \in N$，可得

$$p^k \cdot x_i^k \leqslant p^k \cdot w_i + \sum_{j\in M}\{\theta_{ij} p^k \cdot y_j^k\},\ \forall i \in N.$$

当 $k \to +\infty$ 时，有

$$p^* \cdot x_i^* \leqslant p^* \cdot w_i + \sum_{j\in M}\{\theta_{ij} p^* \cdot y_j^*\},\ \forall i \in N.$$

即 $x_i^* \in G_i(p^*, y^*)$，$\forall i \in N$.

反证如果 (x^*, y^*, p^*) 不是 $\mathcal{E}$ 的竞争均衡,分两种情况分析.

(1) 如果存在 $i \in N, \bar{x}_i \in G_i(p^*, y^*)$ 使得
$$u_i(\bar{x}_i) > u_i(x_i^*).$$

由 $\bar{x}_i \in G_i(p^*, y^*)$,那么存在 $k_0 > 0$ 使得
$$\bar{x}_i \in int X_i^{k_0} \subset X_i^{k_0},$$
$$y^* \in Y^{k_0},$$
$$p^* \cdot \bar{x}_i \leqslant p^* \cdot w_i + \sum_{j \in M} \{\theta_{ij} p^* \cdot y_j^*\}$$
$$\leqslant p^* \cdot w_i + \sum_{j \in M} \left\{\theta_{ij} \max_{y_j \in Y_j^{k_0}} \{p^* \cdot y_j\}\right\}$$
$$= p^* \cdot w_i + \sum_{j \in M} \{\theta_{ij} \hat{\pi}_j^{k_0}(p^*)\},$$

即 $\bar{x}_i \in F_i^{k_0}(p^*)$.

由 $F_i^{k_0}$ 为下半连续,$p^k \to p^*$,那么存在 $X_i^{k_0}$ 中序列 $\{\bar{x}_i^k\}$ 使得 $\bar{x}_i^k \to \bar{x}_i$,而且对充分大的 $k > 0$,有 $\bar{x}_i^k \in F_i^{k_0}(p^k)$.

进一步,由 u_i 的连续性,$x_i^k \to x_i^*$,$\bar{x}_i^k \to \bar{x}_i$,对充分大的 k,有
$$\bar{x}_i^k \in X_i^{k_0} \subset X_i^k,$$
$$p^k \cdot \bar{x}_i^k \leqslant p^k \cdot w_i + \sum_{j \in M} \left\{\theta_{ij} \max_{y_j \in Y_j^{k_0}} \{p^k \cdot y_j\}\right\}$$
$$\leqslant p^k \cdot w_i + \sum_{j \in M} \left\{\theta_{ij} \max_{y_j \in Y_j^k} \{p^k \cdot y_j\}\right\},$$
$$u_i(\bar{x}_i^k) > u_i(x_i^k),$$

即 $\bar{x}_i^k \in F_i^k(p^k)$,而且
$$u_i(\bar{x}_i^k) > u_i(x_i^k).$$

得到了一个矛盾.

(2) 如果存在 $j \in M, \bar{y}_j \in Y_j$,使得
$$p^* \cdot \bar{y}_j > p^* \cdot y_j^*.$$

那么存在 $k_1 > 0$,使得
$$\bar{y}_j \in Y_j^{k_1}, y^* \in int Y^{k_1}.$$

那么对任意充分大 $k > k_1$,有
$$\bar{y}_j \in Y_j^{k_1} \subset Y_j^k,$$
$$y^k \in int Y^{k_1} \subset Y^k,$$
$$p^k \cdot \bar{y}_j > p^k \cdot y_j^k.$$

得到一个矛盾.因此得证 (x^*, y^*, p^*) 为生产经济 $\mathcal{E}$ 的竞争均衡.

第 12 讲
超需映射方法

超需映射由总需求减总供给表示.本讲首先定义出自由配置均衡价格,并在单值和集值超需映射的情形下证明自由配置均衡价格的存在性.利用自由配置均衡价格的存在性定理,本讲分别在纯交换经济和生产经济中重新给出竞争均衡的存在性证明.本讲主要参考文献为 Border(1985),俞建(2008,2011,2020).

社会中的需求为价格的函数,记为

$$D(p)=(D_l(p))_{l\in\{1,\cdots,L\}},$$

这里 $D_l(p)$ 表示价格为 p 时,商品 l 的社会总需求.

社会中的供给也为价格的函数,记为

$$S(p)=(S_l(p))_{l\in\{1,\cdots,L\}},$$

这里 $S_l(p)$ 表示价格为 p 时,商品 l 的社会总供给.

价格集合记为

$$\Delta=\Big\{p\in R_+^L: \sum_{l=1}^L p_l=1\Big\}.$$

那么社会中的超需映射 $F:\Delta\rightrightarrows R^L$ 定义为

$$F(p)=D(p)-S(p).$$

一般来说,F 为一个集值映射.如果是一个单值映射,我们也记超需映射为 $f:\Delta\to R^L$.

定义 12.1 如果存在价格 $p^*\in\Delta$,使得 $f(p^*)\leqslant 0$,则称 p^* 为自由配置均衡价格.

定义 12.2 如果存在价格 $p^*\in\Delta$,使得存在 $z^*\in F(p^*)$ 有 $z^*\leqslant 0$,则称 p^* 为自由配置均衡价格.

定理 12.1 如果超需映射 $f:\Delta\to R^L$ 为连续的,且 $p\cdot f(p)=0$,$\forall p\in\Delta$,那么存在 $p^*\in\Delta$ 使得 $f(p^*)\leqslant 0$.

证明: 定义集值映射 $T:\Delta\rightrightarrows\Delta$ 如下

$$T(p)=\{q\in\Delta\mid q\cdot f(p)=\max_{q'\in\Delta}\{q'\cdot f(p)\}\}.$$

明显 T 为非空凸值,且 T 的图为

$$Graph(T)=\{(p,q)\in\Delta\times\Delta\mid q\cdot f(p)\geqslant q'\cdot f(p),\ \forall q'\in\Delta\}$$
$$=\bigcap_{q'\in\Delta}\{(p,q)\in\Delta\times\Delta\mid q\cdot f(p)\geqslant q'\cdot f(p)\}$$

为 $\Delta\times\Delta$ 中闭集.因此 T 为上半连续具有紧值.由上面分析,T 为上半连续具有非空凸紧值.由定理 1.8,存在 $p^*\in\Delta$ 使得 $p^*\in T(p^*)$,可导出对任意 $q\in\Delta$,

$$q\cdot f(p^*)\leqslant p^*\cdot f(p^*)=0.$$

可得

$$f_l(p^*)\leqslant 0,\ \forall l=1,\cdots,L.$$

即 $f(p^*)\leqslant 0$.得证 p^* 为一个均衡价格.证毕.

定理 12.2 超需映射 $F: \Delta \rightrightarrows R^L$ 为上半连续具有非空凸紧值，且对任意 $p \in \Delta$，任意 $z \in F(p)$，有 $p \cdot z \leqslant 0$，那么存在 $p^* \in \Delta$，$z^* \in F(p^*)$ 使得 $z^* \leqslant 0$.

证明： 因 F 为上半连续具有非空凸紧值，且 Δ 为紧的，那么存在 R^L 中非空凸紧集 Ω 使得 $F(\Delta) \subset \Omega$. 进而定义集值映射 $T: \Omega \rightrightarrows \Delta$ 如下

$$T(z) = \left\{ p \in \Delta \,\middle|\, p \cdot z = \max_{q \in \Delta}\{q \cdot z\} \right\}.$$

明显可得 T 为上半连续具有非空凸紧值.

进一步定义集值映射 $\varphi: \Omega \times \Delta \rightrightarrows \Omega \times \Delta$ 如下

$$\varphi(z, p) = F(p) \times T(z).$$

因此 φ 为上半连续具有非空凸紧值. 由定理 1.8，存在 $(z^*, p^*) \in \Omega \times \Delta$ 使得

$$z^* \in F(p^*), \quad p^* \in T(z^*).$$

那么对任意 $q \in \Delta$，有

$$q \cdot z^* \leqslant p^* \cdot z^* \leqslant 0.$$

因此可得 $z^* \leqslant 0$，证毕.

下面利用超需映射方法重新证明交换经济和生产经济中竞争均衡的存在性.

定理 12.3 交换经济 $\mathcal{E} = (R_+^L, (w_i, u_i)_{i \in N})$ 满足下面条件

(i) 对任意 $i \in N$，$w_i \in \text{int} R_+^L$；

(ii) 对任意 $i \in N$，u_i 为连续拟凹的.

那么 $\mathcal{E}$ 存在竞争均衡.

证明： 定义

$$X_i = R_+^L, \quad \forall i \in N,$$
$$X = \prod_{i \in N} X_i.$$

对任意 $k > \|\sum_{i \in N} w_i\|$，定义

$$X_i^k = \{x_i \in R_+^L \mid \|x_i\| \leqslant k\},$$
$$X^k = \prod_{i \in N} X_i^k,$$
$$G_i^k(p) = \{x_i \in X_i^k \mid p \cdot x_i \leqslant p \cdot w_i\}, \quad \forall p \in \Delta, \forall i \in N,$$
$$D_i^k(p) = \left\{ x_i \in G_i^k(p) \,\middle|\, u_i(x_i) = \max_{y_i \in G_i^k(p)} u_i(y_i) \right\}, \quad \forall p \in \Delta, \forall i \in N,$$
$$F^k(p) = \sum_{i \in N} (D_i^k(p) - w_i), \quad \forall p \in \Delta.$$

采用定理 11.2 中的相同论证过程，可得对任意 $i \in N$，G_i^k 为连续具有非空凸紧值. 联合 u_i 的连续拟凹性，可得 D_i^k 为上半连续具有非空凸紧值，因此，映射 $F^k: \Delta \rightrightarrows R^L$ 为上半连续具有非空凸紧值.

对任意 $p \in \Delta$，任意 $z \in F^k(p)$，那么存在 $x_i \in D_i^k(p)$，$\forall i \in N$ 使得

第 12 讲 超需映射方法

$$z = \sum_{i \in N}(x_i - w_i).$$

由 $x_i \in D_i^k(p)$, $\forall i \in N$, 有 $x_i \in G_i^k(p)$, $\forall i \in N$, 即

$$p \cdot x_i \leqslant p \cdot w_i, \ \forall i \in N.$$

相加可得

$$p \cdot \sum_{i \in N}(x_i - w_i) \leqslant 0.$$

因此有

$$p \cdot z = p \cdot \sum_{i \in N}(x_i - w_i) \leqslant 0.$$

由上面的分析,超需映射 F 满足定理 12.2,那么存在 $p^k \in \Delta$, $z^k \in F^k(p^k)$, 使得 $z^k \leqslant 0$, 即存在 $x^k \in X^k$ 使得对任意 $i \in N$, $x_i^k \in G_i^k(p^k)$,

$$u_i(x_i^k) = \max_{y_i \in G_i^k(p^k)} u_i(y_i),$$

$$z^k = \sum_{i \in N} x_i^k - \sum_{i \in N} w_i \leqslant 0.$$

因此

$$x^k \in \left[0, \sum_{i \in N} w_i\right]^n,$$

不失一般性,假设

$$(p^k, x^k) \to (p^*, x^*) \in \Delta \times \left[0, \sum_{i \in N} w_i\right]^n.$$

可得

$$\sum_{i \in N} x_i^* \leqslant \sum_{i \in N} w_i.$$

由 $x_i^k \in G_i^k(p^k)$, $\forall i \in N$, 有

$$p^k \cdot x_i^k \leqslant p^k \cdot w_i, \ \forall i \in N.$$

当 $k \to +\infty$ 时, 可得

$$p^* \cdot x_i^* \leqslant p^* \cdot w_i, \ \forall i \in N,$$

即 $x_i^* \in G_i(p^*)$, $\forall i \in N$.

反证如果 (x^*, p^*) 不是交换经济 $\mathcal{E}$ 的竞争均衡, 那么存在 $i \in N$, $\bar{y}_i \in G_i(p^*)$ 使得

$$u_i(\bar{y}_i) > u_i(x_i^*).$$

必存在 $k_0 > 0$, 使得 $x^* \in int X^{k_0}$, $\bar{y}_i \in G_i^{k_0}(p^*)$. 由 $G_i^{k_0}$ 为下半连续的, 且 $p^k \to p^*$, 存在 $X_i^{k_0}$ 中序列 $\{\bar{y}_i^k\}$ 使得 $\bar{y}_i^k \to \bar{y}_i$, 且对充分大 k, 有 $\bar{y}_i^k \in G_i^{k_0}(p^k)$. 由 u_i 的连续性,对充分大的 $k > k_0$, 有

$$\bar{y}_i^k \in G_i^{k_0}(p^k) \subset G_i^k(p^k),$$

$$u_i(\bar{y}_i^k) > u_i(x_i^k).$$

得到一个矛盾.证毕.

定理 12.4 生产经济
$$\mathcal{E} = (R_+^L, (X_i, w_i, u_i)_{i \in N}, (Y_j)_{j \in M}, (\theta_{ij})_{i \in N, j \in M})$$

满足下面条件.

(i) 对任意 $i \in N$, $w_i \in int R_+^L$;

(ii) 对任意 $i \in N$, u_i 为连续拟凹的;

(iii) 对任意 $j \in M$, Y_j 为非空凸闭的, $0 \in Y_j$;

(iv) 对任意 $z \in R^L$, 集合
$$\left\{ y \in Y \,\Big|\, z \leqslant \sum_{j \in M} y_j \right\}$$

为有界的.

那么 $\mathcal{E}$ 存在一个竞争均衡.

证明: 记
$$X_i = R_+^L, \quad \forall i \in N;$$
$$X = \prod_{i \in N} X_i,$$
$$Y = \prod_{j \in M} Y_j.$$

对任意 $k > \| \sum_{i \in N} w_i \|$, 定义
$$X_i^k = \{ x_i \in X_i \mid \| x_i \| \leqslant k \},$$
$$X^k = \prod_{i \in N} X_i^k,$$
$$Y_j^k = \{ y_j \in Y_j \mid \| y_j \| \leqslant k \},$$
$$Y^k = \prod_{j \in M} Y_j^k.$$

明显, 对任意 $i \in N$, $j \in M$, X_i^k 和 Y_j^k 都为 R^L 中的非空凸紧集.

对任意 $j \in M$, 定义函数 $\hat{\pi}_j^k : \Delta \to R$ 如下:
$$\hat{\pi}_j^k(p) = \max_{y_j \in Y_j^k} \{ p \cdot y_j \}.$$

对任意 $i \in N$, 定义集值映射 $T_i^k : \Delta \rightrightarrows X_i^k$ 如下:
$$T_i^k(p) = \left\{ x_i \in X_i^k \,\Big|\, p \cdot x_i \leqslant p \cdot w_i + \sum_{j \in M} \{ \theta_{ij} \hat{\pi}_j^k(p) \} \right\}.$$

对任意 $i \in N$, $j \in M$, 定义集值映射 $D_i^k : \Delta \rightrightarrows R^L$, $S_j^k : \Delta \rightrightarrows R^L$ 如下:
$$D_i^k(p) = \left\{ x_i \in T_i^k(p) \,\Big|\, u_i(x_i) = \max_{z_i \in T_i^k(p)} u_i(z_i) \right\},$$
$$S_j^k(p) = \left\{ y_j \in Y_j^k \,\Big|\, p \cdot y_j = \max_{y_j' \in Y_j^k} \{ p \cdot y_j' \} \right\}.$$

采用定理 11.2 中的相同论述过程,可得对任意 $i \in N$, T_i^k 为连续具有非空凸紧值.进一步,易得对任意 $i \in N$, $j \in M$, D_i^k 和 S_j^k 为上半连续具有非空凸紧值.那么定义超需映射 $F^k : \Delta \rightrightarrows R^L$:

$$F^k(p) = \sum_{i \in N} D_i^k(p) - \sum_{i \in N} w_i - \sum_{j \in M} S_j^k(p).$$

可得 F^k 为上半连续具有非空凸紧值.

对任意 $p \in \Delta$, $z \in F^k(p)$,那么存在

$$x_i \in T_i^k(p), \forall i \in N,$$
$$y_j \in S_j^k(p), \forall j \in M,$$

使得

$$z = \sum_{i \in N} x_i - \sum_{i \in N} w_i - \sum_{j \in M} y_j.$$

由 $x_i \in T_i^k(p)$, $\forall i \in N$; $y_j \in S_j^k(p)$, $\forall j \in M$,可得对任意 $i \in N$,

$$p \cdot x_i \leqslant p \cdot w_i + \sum_{j \in M} \left\{ \theta_{ij} \max_{y_j' \in Y_j^k} \{p \cdot y_j'\} \right\}$$
$$= p \cdot w_i + \sum_{j \in M} \{\theta_{ij} p \cdot y_j\},$$

相加可得

$$p \cdot z = p \cdot \Big(\sum_{i \in N} x_i - \sum_{i \in N} w_i - \sum_{j \in M} y_j \Big)$$
$$= p \cdot \Big(\sum_{i \in N} x_i - \sum_{i \in N} w_i - \sum_{i \in N} \sum_{j \in M} \theta_{ij} y_j \Big)$$
$$\leqslant 0.$$

因此上面的超需映射满足定理 12.2,那么存在

$$p^k \in \Delta, z^k \in F^k(p^k)$$

使得 $z^k \leqslant 0$. 即存在

$$x_i^k \in D_i^k(p^k), \forall i \in N,$$
$$y_j^k \in S_j^k(p^k), \forall j \in M,$$

使得

$$z^k = \sum_{i \in N} x_i^k - \sum_{i \in N} w_i - \sum_{j \in M} y_j^k \leqslant 0.$$

由 $p^k \in \Delta$,不失一般性,设

$$p^k \to p^* \in \Delta.$$

又因

$$y^k \in \Big\{ y \in Y \Big| -\sum_{i \in N} w_i \leqslant \sum_{j \in M} y_j \Big\},$$

由条件(iii)(iv),
$$\left\{y \in Y \,\Big|\, -\sum_{i \in N} w_i \leqslant \sum_{j \in M} y_j \right\}$$
为非空紧的,那么不失一般性,设
$$y^k \to y^* \in \left\{y \in Y \,\Big|\, -\sum_{i \in N} w_i \leqslant \sum_{j \in M} y_j \right\}.$$
进而对任意 $i \in N$,
$$0 \leqslant x_i^k \leqslant \sum_{i \in N} w_i + \sum_{j \in M} y_j^* + (1, \cdots, 1),$$
那么 x^k 在非空紧集
$$\left[0, \sum_{i \in N} w_i + \sum_{j \in M} y_j^* + (1, \cdots, 1)\right]^n$$
中.不失一般性,设 $x^k \to x^* \in X$. 因而由
$$(x^k, y^k) \to (x^*, y^*) \in X \times Y,$$
$$\sum_{i \in N} x_i^k \leqslant \sum_{i \in N} w_i + \sum_{j \in M} y_j^k,$$
当 $k \to +\infty$, 有
$$\sum_{i \in N} x_i^* \leqslant \sum_{i \in N} w_i + \sum_{j \in M} y_j^*.$$
后面采用定理 11.2 的相同论述形式,可得证 (x^*, y^*, p^*) 为生产经济 $\mathcal{E}$ 的竞争均衡. 证毕.

第 13 讲
联盟生产经济中的核

本讲假设生产经济中存在合作行为,介绍联盟生产经济模型,并在其中定义出核.本讲采用一个不同于前几章合作均衡存在性证明的分析方法,给出了核的存在性定理,主要参考了文献 Florenzano(1989,1990,2003).

设 $N=\{1,\cdots,n\}$ 为参与人集合,

$\mathcal{N}=\{B\mid B\subseteq N\}$ 为联盟集,

市场中有 $L\geqslant 1$ 个商品,商品空间记为 R_+^L,

对任意 $i\in N$,参与人 i 有初始禀赋 $w_i\in R_+^L$ 和一个消费策略集 $X_i\subset R_+^L$;记

$$X=\prod_{i\in N}X_i,$$

$$X_B=\prod_{i\in B}X_i,\ \forall B\in\mathcal{N};$$

参与人 i 的偏好映射定义为 $P_i:X\rightrightarrows X_i$,

对任意 $B\in\mathcal{N}$,Y_B 表示联盟 B 的生产集.

那么一个联盟生产经济可表示为

$$\mathcal{E}=((X_i,P_i,w_i)_{i\in N},(Y_B)_{B\in\mathcal{N}}).$$

对任意 $B\in\mathcal{N}$,联盟 B 的可行消费集定义为

$$\hat{X}_B=\left\{(x_i)_{i\in B}\in X_B:\exists y^B\in Y_B,\ s.t.\sum_{i\in B}x_i\leqslant\sum_{i\in B}w_i+y^B\right\}.$$

定义 13.1 如果存在消费策略组合 $x^*\in X$ 使得 $x^*\in\hat{X}_N$ 而且对任意 $B\in\mathcal{N}$,都不存在 $(x_i)_{i\in B}\in\hat{X}_B$ 满足

$$x_i\in P_i(x^*),\ \forall i\in B,$$

则称 x^* 为联盟生产经济 $\mathcal{E}$ 的核中.

为了后续的证明,记

$$\Delta=\left\{\lambda=(\lambda_B)_{B\in\mathcal{N}}\bigg|\lambda_B\geqslant 0,\ \forall B\in\mathcal{N},\sum_{B\in\mathcal{N},B\ni i}\lambda_B=1,\ \forall i\in N\right\}.$$

明显对任意 $\lambda\in\Delta$,$\{B\in\mathcal{N}\mid\lambda_B>0\}$ 为 $\mathcal{N}$ 中一个平衡集.

定理 13.1 联盟生产经济

$$\mathcal{E}=((X_i,P_i,w_i)_{i\in N},(Y_B)_{B\in\mathcal{N}})$$

满足下面条件:

(i) 对任意 $i\in N$,X_i 为非空凸的;

(ii) 对任意 $i\in N$,$x_i\in X_i$,

$$P_i^{-1}(x_i)=\{x'\in X\mid x_i\in P_i(x')\}$$

在 X 中为开的;

(iii) 对任意 $i\in N$,$x\in X$,$P_i(x)$ 为凸的,且 $x_i\notin P_i(x)$;

(iv) 对任意 $B \in \mathcal{N}$, Y_B 为非空凸紧, $0 \in Y_B$;
(v) $\{Y_B \mid B \in \mathcal{N}\}$ 为平衡的,即

$$\sum_{B \in \mathcal{N}} \lambda_B Y_B \subset Y_N, \ \forall \lambda \in \Delta.$$

那么联盟生产经济 $\mathcal{E}$ 存在一个非空核.

证明: 由条件 (i)(iv),可知对任意 $B \in \mathcal{N}$, $\hat{X}_B$ 为非空凸紧的.对任意 $\lambda \in \Delta$,任意 $x^B \in \hat{X}_B$,存在 $y^B \in Y_B$ 有

$$\sum_{i \in B} x_i^B \leqslant \sum_{i \in B} w_i + y^B.$$

记 $\tilde{x} \in X$,满足

$$\tilde{x}_i = \sum_{B \in \mathcal{N}, B \ni i} \lambda_B x_i^B, \ \forall i \in N.$$

由

$$\sum_{B \in \mathcal{N}} \lambda_B Y_B \subset Y_N,$$

可得存在 $y^N \in Y_N$ 使得

$$\sum_{B \in \mathcal{N}} \lambda_B y^B = y^N,$$

而且

$$\begin{aligned}
\sum_{i \in N} \tilde{x}_i &= \sum_{i \in N} \sum_{B \in \mathcal{N}, B \ni i} \lambda_B x_i^B \\
&= \sum_{B \in \mathcal{N}} \lambda_B \Big(\sum_{i \in B} x_i^B \Big) \\
&\leqslant \sum_{B \in \mathcal{N}} \lambda_B \Big(\sum_{i \in B} w_i + y^B \Big) \\
&= \sum_{B \in \mathcal{N}} \lambda_B \Big(\sum_{i \in B} w_i \Big) + \sum_{B \in \mathcal{N}} \lambda_B y^B \\
&= \sum_{i \in N} \sum_{B \in \mathcal{N}, B \ni i} \lambda_B w_i + \sum_{B \in \mathcal{N}} \lambda_B y^B \\
&= \sum_{i \in N} w_i + y^N.
\end{aligned}$$

可得 $\tilde{x} \in \hat{X}_N$,

对任意 $x \in \hat{X}_N$, $(z^B)_{B \in \mathcal{N}} \in \prod_{B \in \mathcal{N}} \hat{X}_B$, $\lambda \in \Delta$,定义

$$f((z^B)_{B \in \mathcal{N}}, \lambda) = \tilde{x},$$

$$\tilde{x}_i = \sum_{B \in \mathcal{N}, B \ni i} \lambda_B z_i^B, \ \forall i \in N,$$

$$\varphi^B(x) = \{z'^B \in \hat{X}_B \mid z_i'^B \in P_i(x), \ \forall i \in B\}, \ \forall B \in \mathcal{N},$$

$$I(x) = \{B \in \mathcal{N} \mid \varphi^B(x) \neq \varnothing\},$$

$$\psi(x,\lambda) = \begin{cases} \bigcap_{B \in I(x)} \{\mu \in \Delta \mid \mu_B > \lambda_B\}, & I(x) \neq \varnothing, \\ \varnothing, & I(x) = \varnothing. \end{cases}$$

利用条件,可以验证 $(f, (\varphi^B)_{B \in \mathcal{N}}, \psi)$ 满足定理 1.9 的条件.那么存在

$$(\bar{x}, (\bar{z}^B)_{B \in \mathcal{N}}, \bar{\lambda}) \in \hat{X}_N \times \prod_{B \in \mathcal{N}} \hat{X}_B \times \Delta$$

使得

$$\bar{x}_i = \sum_{B \in \mathcal{N}, B \ni i} \bar{\lambda}_B \bar{z}_i^B, \ \forall i \in N,$$

$$\psi(\bar{x}, \bar{\lambda}) = \varnothing,$$

$$\forall B \in \mathcal{N}, \bar{z}_i^B \in P_i(\bar{x}), \ \forall i \in B, \text{或者} \varphi^B(\bar{x}) = \varnothing.$$

我们下面验证 $I(\bar{x}) = \varnothing$. 反证如果 $I(\bar{x}) \neq \varnothing$. 那么存在 $\bar{p} = (\bar{p}_B)_{B \in \mathcal{N}}$ 满足

$$\bar{p}_B \geqslant 0, \ \forall B \in \mathcal{N};$$

$$\bar{p}_B = 0, \ \forall B \notin I(\bar{x}),$$

使得 $\bar{\lambda}$ 为下面优化问题的解

$$\max \sum_{B \in \mathcal{N}} \bar{p}_B \mu_B$$

$$s.t. \sum_{B \in \mathcal{N}, B \ni i} \mu_B = 1, \ \forall i \in N;$$

$$\mu_B \geqslant 0, \ \forall B \in \mathcal{N}.$$

利用约束优化问题的一阶条件,存在

$$\alpha_B \geqslant 0, \ \forall B \in \mathcal{N}, \varepsilon_i \in R, \ \forall i \in N,$$

满足

$$\alpha_B \bar{\lambda}_B = 0, \ \forall B \in \mathcal{N},$$

$$L = \sum_{B \in \mathcal{N}} \bar{p}_B \mu_B + \sum_{i \in N} \varepsilon_i \left(\sum_{B \in \mathcal{N}, B \ni i} \mu_B - 1 \right) + \sum_{B \in \mathcal{N}} \alpha_B \mu_B$$

$$= \sum_{B \in \mathcal{N}} \bar{p}_B \mu_B + \sum_{B \in \mathcal{N}} \left(\sum_{i \in B} \varepsilon_i \right) \mu_B - \sum_{i \in N} \varepsilon_i + \sum_{B \in \mathcal{N}} \alpha_B \mu_B,$$

$$\forall B \in \mathcal{N}, \frac{dL}{d\mu_B} = 0,$$

即有

$$\alpha_B \bar{\lambda}_B = 0, \ \forall B \in \mathcal{N};$$

$$\bar{p}_B + \sum_{i \in B} \varepsilon_i + \alpha_B = 0, \ \forall B \in \mathcal{N}.$$

那么对任意 $i \in N$,有

$$-\bar{p}_{\{i\}} - \varepsilon_i = \alpha_{\{i\}} \geqslant 0 \Rightarrow -\varepsilon_i \geqslant \bar{p}_{\{i\}} \geqslant 0.$$

因必存在 $B_0 \in \mathcal{N}$, 使得 $\bar{p}_{B_0} > 0$. 因此有

$$-\bar{p}_{B_0} - \sum_{i \in B_0} \varepsilon_i = \alpha_B \geqslant 0,$$

得

$$-\sum_{i \in B_0} \varepsilon_i \geqslant \bar{p}_{B_0} > 0.$$

结合 $-\varepsilon_i \geqslant 0$, $\forall i \in B_0$, 那么存在 $i_0 \in B_0$, 使得 $-\varepsilon_{i_0} > 0$.

因此对任意 $B \notin I(\bar{x})$, $B \ni i_0$, 可得

$$\alpha_B = -\bar{p}_B - \sum_{i \in B} \varepsilon_i = -\sum_{i \in B} \varepsilon_i \geqslant -\varepsilon_{i_0} > 0.$$

由 $\alpha_B \bar{\lambda}_B = 0$, 可得 $\bar{\lambda}_B = 0$. 所以得证

$$\bar{\lambda}_B = 0, \ \forall B \notin I(\bar{x}), \text{ 而且满足 } B \ni i_0.$$

利用 P_{i_0} 的凸值, 有

$$\bar{z}_{i_0}^B \in P_{i_0}(\bar{x}), \ \forall B \in I(\bar{x}), \text{ 而且满足 } B \ni i_0,$$

$$\bar{x}_{i_0} = \sum_{B \in \mathcal{N},\, B \ni i_0} \bar{\lambda}_B \bar{z}_{i_0}^B = \sum_{B \in I(\bar{x}),\, B \ni i_0} \bar{\lambda}_B \bar{z}_{i_0}^B \in P_{i_0}(\bar{x}).$$

得到一个矛盾.

因此我们得证 $\bar{x} \in \hat{X}_N$ 且对任意 $B \in \mathcal{N}$, 任意 $(x_i)_{i \in B} \in \hat{X}_B$ 都不满足

$$x_i \in P_i(\bar{x}), \ \forall i \in B.$$

得证 $\bar{x}$ 在联盟生产经济的核中.

定理 13.2 联盟生产经济

$$\mathcal{E} = ((X_i, P_i, w_i)_{i \in N}, (Y_B)_{B \in \mathcal{N}})$$

满足下面条件:

(i) 对任意 $i \in N$, X_i 为非空凸的;

(ii) 对任意 $i \in N$, $x_i \in X_i$,

$$P_i^{-1}(x_i) = \{x' \in X \mid x_i \in P_i(x')\}$$

在 X 中为开的;

(iii) 对任意 $i \in N$, $x \in X$, $P_i(x)$ 为凸的, 且 $x_i \notin P_i(x)$;

(iv) 对任意 $B \in \mathcal{N}$, Y_B 为非空凸闭, $0 \in Y_B$;

(v) $\hat{X}_N$ 为紧的;

(vi) $\{Y_B \mid B \in \mathcal{N}\}$ 为平衡的,

$$\sum_{B \in \mathcal{N}} \lambda_B Y_B \subset Y_N, \ \forall \lambda \in \Delta.$$

那么联盟生产经济 $\mathcal{E}$ 存在一个非空核.

证明: 对任意 $k > 0$, 定义

$$Y_B^k = \{y \in Y_B \mid \|y\| \leqslant k\}, \quad \forall B \in \mathcal{N},$$
$$\hat{X}_B^k = \left\{(x_i)_{i \in B} \in X_B \;\middle|\; \exists y^B \in Y_B^k, \quad s.t. \quad \sum_{i \in B} x_i \leqslant \sum_{i \in B} w_i + y^B\right\}, \quad \forall B \in \mathcal{N}.$$

明显对任意 $B \in \mathcal{N}$, Y_B^k 为非空紧的, 而且易得 $\{Y_B^k \mid B \in \mathcal{N}\}$ 为平衡的. 那么可得一个联盟生产经济

$$\mathcal{E}^k = ((X_i, P_i, w_i)_{i \in N}, (Y_B^k)_{B \in \mathcal{N}})$$

满足定理 13.1. 那么存在 $x^k \in \hat{X}_N^k$ 使得对任意 $B \in \mathcal{N}$, 都不存在 $(z_i)_{i \in B} \in \hat{X}_B^k$ 满足

$$z_i \in P_i(x^k), \quad \forall i \in B.$$

由 $x^k \in \hat{X}_N^k \subset \hat{X}_N$, 根据 $\hat{X}_N$ 为非空紧的, 不失一般性, 设

$$x^k \to x^* \in \hat{X}_N.$$

下面我们验证 x^* 在联盟生产经济 $\mathcal{E}$ 的核中.

反证如果 $B \in \mathcal{N}$, $(z_i)_{i \in B} \in \hat{X}_B$ 使得

$$z_i \in P_i(x^*), \quad \forall i \in B.$$

由 $(z_i)_{i \in B} \in \hat{X}_B$, 那么存在 $y^B \in Y_B$ 使得

$$\sum_{i \in B} z_i \leqslant \sum_{i \in B} w_i + y^B.$$

因此存在 $k_0 > 0$, 使得

$$y^B \in Y_B^{k_0} \subset Y_B^k, \quad \forall k > k_0.$$

对任意 $i \in B$, 因 $P_i^{-1}(z_i)$ 为开的, 那么对充分大的 $k > k_0$, 有

$$y^B \in Y_B^k,$$
$$\sum_{i \in B} z_i \leqslant \sum_{i \in B} w_i + y^B,$$
$$z_i \in P_i(x^k), \quad \forall i \in B,$$

即 $(z_i)_{i \in B} \in \hat{X}_B^k$ 且 $z_i \in P_i(x^k)$, $\forall i \in B$. 得到一个矛盾. 证毕.

第 14 讲
具有外部性的交换经济中的 p-核

本讲再次分析交换经济模型,主要引入了外部性和合作因素,定义出联盟预算集.在此基础上,本讲定义出具有外部性的交换经济中的 $p-$核,证明了 $p-$核的存在性,并讨论与竞争均衡的关系,主要参考了文献 Zhao(1996).

设 $N=\{1,\cdots,n\}$ 为参与人集合,

$\mathcal{N}=\{B\mid B\subseteq N\}$ 为联盟集,

市场中有 $L\geqslant 1$ 个商品,商品空间为 R_+^L. 记

$$X_i = R_+^L,$$
$$X = \prod_{i\in N} X_i,$$
$$X_B = \prod_{i\in B} X_i,$$
$$X_{-B} = \prod_{i\notin B} X_i, \quad \forall B\in \mathcal{N}.$$

对任意 $i\in N$,参与人 i 具有初始禀赋 $w_i\in R_+^L$ 和外部性的效用函数 $u_i:X\to R$,对任意 $B\in \mathcal{N}$,联盟 B 的可行分配集为

$$\hat{X}_B = \Big\{(x_i)_{i\in B}\in X_B \,\Big|\, \sum_{i\in B} x_i \leqslant \sum_{i\in B} w_i\Big\},$$

价格空间定义为

$$\Delta = \Big\{p\in R_+^L \,\Big|\, \sum_{l=1}^L p_l = 1\Big\}.$$

不同于竞争均衡的情形,本模型假定联盟中的个体共享财富.因此对任意 $B\in \mathcal{N}$, $p\in \Delta$,联盟 B 的预算集定义为

$$D_B(p) = \Big\{(x_i)_{i\in B}\in X_B \,\Big|\, p\cdot \sum_{i\in B} x_i \leqslant p\cdot \sum_{i\in B} w_i\Big\}.$$

定义 14.1 如果存在 $(x^*, p^*)\in X\times\Delta$ 使得对任意 $i\in N$, $x_i^*\in D_{\{i\}}(p^*)$,

$$u_i(x_i^*, x_{-i}^*) = \max_{y_i\in D_{\{i\}}(p^*)} u_i(y_i, x_{-i}^*),$$

而且

$$\sum_{i\in N} x_i^* \leqslant \sum_{i\in N} w_i,$$

则称 (x^*, p^*) 为具有外部性交换经济 $\mathcal{E}=(R_+^L, (w_i, u_i)_{i\in N})$ 的竞争均衡.

对任意 $B\in \mathcal{N}$,联盟 B 的保证向量支付函数 $\bar{u}_B: X_B\to R^{|B|}$ 定义为

$$\bar{u}_{B,i}(x_B) = \min_{y_{-B}\in X_{-B}} u_i(x_B, y_{-B}),$$
$$\bar{u}_{N,i}(x) = u_i(x),$$
$$\bar{u}_B(x_B) = (\bar{u}_{B,i}(x_B))_{i\in B},$$
$$\bar{u}_N(x) = (u_i(x))_{i\in N}.$$

那么对任意 $p \in \Delta$,可得一个参数化的一般合作博弈

$$\Gamma(p) = (D_B(p), \bar{u}_B)_{B \in \mathcal{N}}.$$

定义 14.2 如果存在 $(x^*, p^*) \in X \times \Delta$ 使得

$$\sum_{i \in N} x_i^* \leq \sum_{i \in N} w_i,$$

并且 x^* 在 $\Gamma(p^*)$ 的核中,则称 (x^*, p^*) 在交换经济 $\mathcal{E}$ 的 p 核中. 此外,$(x^*, p^*) \in X \times \Delta$ 在 $\mathcal{E}$ 的 p 核中也可以表示为

$$\sum_{i \in N} x_i^* \leq \sum_{i \in N} w_i,$$

并且对任意 $B \in \mathcal{N}$,都不存在 $y_B \in D_B(p^*)$ 使得

$$\bar{u}_{B,i}(y_B) > \bar{u}_{N,i}(x^*), \quad \forall i \in B.$$

定义 14.3 对任意 $p \in \Delta$,$v \in R^n$ 和 $\mathcal{N}$ 中的任意平衡集 β,如果对任意 $B \in \beta$,存在

$$y_B \in D_B(p), \bar{u}_B(y_B) - v_B \in R_+^{|B|},$$

那么存在 $y' \in D_N(p)$ 满足

$$\bar{u}_N(y') - v \in R_+^{|N|},$$

则称 $\Gamma(p)$ 为平衡的.

定理 14.1 交换经济 $\mathcal{E} = (R_+^L, (w_i, u_i)_{i \in N})$ 满足下面条件:

(i) 对任意 $i \in N$, $w_i \in \text{int} R_+^L$;
(ii) 对任意 $i \in N$, u_i 为连续拟凹的;
(iii) 对任意 $p \in \Delta$, $\Gamma(p)$ 为平衡的.

那么交换经济 $\mathcal{E}$ 存在一个非空的 p 核.

证明:首先对模型进行紧化. 对任意 $k > \|\sum_{i \in N} w_i\|$,定义

$$X_i^k = \{x_i \in X_i \mid \|x_i\| \leq k\},$$

$$X^k = \prod_{i \in N} X_i^k,$$

$$X_B^k = \prod_{i \in B} X_i^k,$$

$$X_{-B}^k = \prod_{i \notin B} X_i^k, \quad \forall B \in \mathcal{N},$$

$$D_B^k(p) = \left\{ (x_i)_{i \in B} \in X_B^k \mid p \cdot \sum_{i \in B} x_i \leq p \cdot \sum_{i \in B} w_i \right\}, \quad \forall p \in \Delta, \forall B \in \mathcal{N},$$

$$\bar{u}_0(p, x) = p \cdot \sum_{i \in N} (x_i - w_i), \quad \forall (p, x) \in \Delta \times X^k.$$

利用 u_i,$\forall i \in N$ 的连续性,可知对任意 $B \in \mathcal{N}$ 和任意 $i \in B$,$\bar{u}_{B,i}$ 是连续的,而且 $\bar{u}_0$ 是连续的. 因对任意 $i \in N$,u_i 为拟凹的,那么对任意 $B \in \mathcal{N}$,$i \in B$,$\bar{u}_{B,i}$ 在 X_B^k 上拟凹的. 此外对任意 $x \in X^k$,$\bar{u}_0(\cdot, x)$ 在 Δ 上为线性的. 因此可以构建一个具有联盟结构 $\{\{0\}, N\}$ 的一

般策略型广义博弈

$$\Gamma = \{\Gamma_0, \Gamma_1\},$$
$$\Gamma_0 = \{(\Delta, \bar{u}_0(\cdot, x)) \mid x \in X^k\},$$
$$\Gamma_1 = \{\Gamma(p) \mid p \in \Delta\} = \{(D_B^k(p), \bar{u}_B(\cdot))_{B \in \mathcal{N}} : p \in \Delta\}.$$

对任意 $B \in \mathcal{N}$, 我们下面验证 D_B^k 为连续具有非空凸紧值. 明显, D_B^k 为上半连续具有非空凸紧值. 我们只需证 D_B^k 为下半连续的.

对任意 $p \in \Delta$, $p^m \in \Delta$, $p^m \to p$, $(x_i)_{i \in B} \in D_B^k(p)$, 有

$$p \cdot \sum_{i \in B} x_i \leqslant p \cdot \sum_{i \in B} w_i.$$

如果

$$p \cdot \sum_{i \in B} x_i < p \cdot \sum_{i \in B} w_i,$$

那么对充分大的 $m > 0$, 有

$$p^m \cdot \sum_{i \in B} x_i < p^m \cdot \sum_{i \in B} w_i,$$

即 $(x_i)_{i \in B} \in D_B^k(p^m)$. 得证 D_B^k 为下半连续.

如果

$$p \cdot \sum_{i \in B} x_i = p \cdot \sum_{i \in B} w_i,$$

因为 $w_i \in int R_+^L$, $\forall i \in N$, 有

$$p \cdot \sum_{i \in B} 0 = p \cdot \sum_{i \in B} w_i.$$

那么存在 $m_0 > 0$, 使得对任意 $m > m_0$, 有

$$p^m \cdot \sum_{i \in B} 0 < p^m \cdot \sum_{i \in B} w_i.$$

构建序列 $\{(x_i^m)_{i \in B}\}_{m > m_0} \subset X_B^k$ 满足下面条件

如果

$$p^m \cdot \sum_{i \in B} x_i \leqslant p^m \cdot \sum_{i \in B} w_i,$$

定义 $(x_i^m)_{i \in B} = (x_i)_{i \in B}$.

如果

$$p^m \cdot \sum_{i \in B} x_i > p^m \cdot \sum_{i \in B} w_i,$$

记

$$t^m = \frac{p^m \cdot \sum_{i \in N} w_i}{p^m \cdot \sum_{i \in B} x_i} \in [0, 1],$$

$$x_i^m = t^m x_i, \ \forall i \in B.$$

那么
$$t^m \to 1, \ (x_i^m)_{i \in B} \to (x_i)_{i \in B};$$
而且
$$p^m \cdot \sum_{i \in B} x_i^m = \frac{p^m \cdot \sum_{i \in B} w_i}{p^m \cdot \sum_{i \in B} x_i} p^m \cdot \sum_{i \in B} x_i$$
$$= p^m \cdot \sum_{i \in B} w_i.$$
因此有
$$(x_i^m)_{i \in B} \in D_B^k(p^m), \ \forall m > m_0,$$
$$(x_i^m)_{i \in B} \to (x_i)_{i \in B}.$$

综上得证 D_B^k 为下半连续的. 那么 D_B^k 为连续非空凸紧值.

由条件(iii),可得 Γ_1 为平衡的. 因此, Γ 满足定理 8.1. 那么存在
$$(x^k, p^k) \in X^k \times \Delta$$
使得
$$p^k \cdot \Big(\sum_{i \in N}(x_i^k - w_i)\Big) = \max_{q \in \Delta}\Big\{q \cdot \sum_{i \in N}(x_i^k - w_i)\Big\},$$
而且 $x^k \in D_N^k(p^k)$, 对任意 $B \in \mathcal{N}$, 都不存在 $y_B \in D_B^k(p^k)$ 使得
$$\bar{u}_{B,i}(y_B) > \bar{u}_{N,i}(x^k), \ \forall i \in B.$$
由 $x^k \in D_N^k(p^k)$, 可得
$$p^k \cdot \sum_{i \in N}(x_i^k - w_i) \leqslant 0.$$
那么对任意 $q \in \Delta$, 有
$$q \cdot \sum_{i \in N}(x_i^k - w_i) \leqslant p^k \cdot \sum_{i \in N}(x_i^k - w_i) \leqslant 0,$$
可得
$$\sum_{i \in N} x_i^k \leqslant \sum_{i \in N} w_i.$$
因此有
$$x^k \in \Big[0, \sum_{i \in N} w_i\Big]^n, \ p^k \in \Delta.$$
不失一般性, 设
$$x^k \to x^* \in \Big[0, \sum_{i \in N} w_i\Big]^n,$$
$$p^k \to p^* \in \Delta,$$
进而当 $k \to +\infty$, 可得

$$\sum_{i \in N} x_i^* \leqslant \sum_{i \in N} w_i.$$

下面验证 (x^*, p^*) 在交换经济 $\mathcal{E}$ 的 p 核中. 反证如果存在 $B \in \mathcal{N}$, $y_B \in D_B(p^*)$ 使得

$$\bar{u}_{B,i}(\bar{y}_B) > \bar{u}_{N,i}(x^*), \ \forall i \in B.$$

那么存在 $k_0 > 0$ 使得 $y_B \in D_B^{k_0}(p^*)$. 利用 $D_B^{k_0}$ 为下半连续且 $p^k \to p^*$, 那么存在 $X_B^{k_0}$ 中的序列 $\{y_B^k\}$ 满足 $y_B^k \to y_B$, 且对充分大的 $k > k_0$, 有

$$y_B^k \in D_B^{k_0}(p^k) \subset D_B^k(p^k).$$

因 $\bar{u}_B$ 和 $\bar{u}_N$ 为连续的, 那么对充分大的 $k > k_0$, 有

$$y_B^k \in D_B^{k_0}(p^k) \subset D_B^k(p^k),$$
$$\bar{u}_{B,i}(y_B^k) > \bar{u}_{N,i}(x^k), \ \forall i \in B.$$

得到一个矛盾, 证毕.

推论 14.1 交换经济

$$\mathcal{E} = (R_+^L, (w_i, u_i)_{i \in N})$$

满足下面条件:

(i) 对任意 $i \in N$, $w_i \in \mathrm{int} R_+^L$;

(ii) 对任意 $i \in N$, u_i 为连续拟凹单增的,

$$(u_i(\cdot) \text{ 为单增} \Leftrightarrow \forall x, y \in X, x_i \leqslant y_i, \forall i \in N, \text{有} u_i(x) \leqslant u_i(y)).$$

那么 $\mathcal{E}$ 存在一个非空的 p 核.

证明: 由定理 14.1, 只需验证 $\Gamma(p) = (D_B(p), u_B(\cdot))_{B \in \mathcal{N}}$, $\forall p \in \Delta$ 为平衡的. 给定 $p \in \Delta$, 任意 $v \in R^n$ 和 $\mathcal{N}$ 中的任意平衡集 β, 且拥有平衡权重

$$\{\lambda_B > 0 \mid B \in \beta\},$$

对任意 $B \in \beta$, 存在 $y_B \in D_B(p)$ 使得

$$\bar{u}_{B,i}(y_B) \geqslant v_i, \ \forall i \in B,$$

那么对任意 $B \in \beta$,

$$p \cdot \sum_{i \in B} (y_B)_i \leqslant p \cdot \sum_{i \in B} w_i,$$

$$\min_{z_{-B} \in \hat{X}_{-B}} u_i(y_B, z_{-B}) \geqslant v_i, \ \forall i \in B.$$

定义 $y' \in X$ 使得

$$y_i' = \sum_{B \in \beta, B \ni i} \lambda_B (y_B)_i, \ \forall i \in N.$$

因此可得

$$p \cdot \sum_{i \in N} y_i' = p \cdot \sum_{i \in N} \sum_{B \in \beta, B \ni i} \lambda_B (y_B)_i$$
$$= \sum_{B \in \beta} \lambda_B \left(p \cdot \sum_{i \in B} (y_B)_i \right)$$

$$\leqslant \sum_{B\in\beta}\lambda_B\Big(p\cdot\sum_{i\in B}w_i\Big)$$
$$=p\cdot\sum_{i\in N}\sum_{B\in\beta,\,B\ni i}\lambda_B w_i$$
$$=p\cdot\sum_{i\in N}w_i,$$

即 $y'\in D_N(p)$. 此外,对任意 $i\in N$, y' 也可表示为

$$y'=\sum_{B\in\beta,\,B\ni i}\lambda_B\bar{y}^B,$$

这里 $\bar{y}^B\in X$,

$$\bar{y}_j^B=(y_B)_j,\ \forall j\in B,$$
$$\bar{y}_j^B=\frac{\sum_{C\in B,\,C\ni j,\,C\ni i}\lambda_C(y_C)_j}{\sum_{C\in B,\,C\ni j,\,C\ni i}\lambda_C},\ \forall j\notin B.$$

利用 u_i 的拟凹性和单增性,有

$$u_i(y')=u_i\Big(\sum_{B\in\beta,\,B\ni i}\lambda_B\bar{y}^B\Big)$$
$$\geqslant \min\{u_i(\bar{y}^B)\mid B\in\beta,\,B\ni i\}$$
$$\geqslant \min\{u_i(y_B,0)\mid B\in\beta,\,B\ni i\}$$
$$=\min\Big\{\min_{z_{-B}\in X_{-B}}u_i(y_B,z_{-B})\Big|B\in\beta,\,B\ni i\Big\}$$
$$\geqslant v_i.$$

得证 $\Gamma(p)$ 为平衡的. 证毕.

对任意 $i\in N$, $u_i:R_+^L\to R$ 为一个无外部性的效用函数. 此时

$$\mathcal{E}=(R_+^L,(w_i,u_i)_{i\in N})$$

为一个无外部性的交换经济.

定义 14.4 对任意 $i\in N$, 任意 $x_i\in R_+^L$ 和 x_i 的任意开邻域 $O(x_i)$, 存在 $y_i\in O(x_i)$ 使得

$$u_i(y_i)>u_i(x_i),$$

则称 Γ 具有局部无满足性.

定理 14.2 无外部性交换经济的每一个竞争均衡在 p 核中.

证明: 设 (x^*,p^*) 为无外部性交换经济 $\mathcal{E}=(R_+^L,(w_i,u_i)_{i\in N})$ 的一个竞争均衡,那么对任意 $i\in N$,

$$p^*\cdot x_i^*\leqslant p^*\cdot w_i,$$
$$u_i(y_i)>u_i(x_i^*)\Rightarrow p^*\cdot y_i>p^*\cdot w_i;$$

而且

$$\sum_{i \in N} x_i^* \leqslant \sum_{i \in N} w_i.$$

反证假设 (x^*, p^*) 不在 p 核中,那么存在 $B \in \mathcal{N}$, $(y_i)_{i \in B} \in R_+^{L \times |B|}$ 满足

$$p^* \cdot \sum_{i \in B} y_i \leqslant p^* \cdot \sum_{i \in B} w_i,$$

$$u_i(y_i) > u_i(x_i^*), \ \forall i \in B.$$

可导出,对任意 $i \in B$,

$$p^* \cdot y_i > p^* \cdot w_i.$$

相加可得

$$p^* \cdot \sum_{i \in B} y_i > p^* \cdot \sum_{i \in B} w_i.$$

得到一个矛盾.证毕.

定理 14.3 无外部性交换经济 p 核中的每一个分配组合在核中.

证明: 因 $\hat{X}_B \subset D_B(p)$, $\forall p \in \Delta$, $\forall B \in \mathcal{N}$,那么证明是明显的.

定理 14.4 无外部性交换经济 $\mathcal{E}$ 具有局部无满足性,那么每一个 p 核中的点是竞争均衡.

证明: 设 (x^*, p^*) 在 $\mathcal{E}$ 的 p 核中,那么

$$x^* \in D_N(p^*),$$

$$\sum_{i \in N} x_i^* \leqslant \sum_{i \in N} w_i,$$

而且对任意 $B \in \mathcal{N}$,都不存在 $y_B \in D_B(p^*)$ 使得

$$u_i((y_B)_i) > u_i(x_i^*), \ \forall i \in B.$$

为了验证 (x^*, p^*) 为竞争均衡,只需证明

$$p^* \cdot x_i^* \leqslant p^* \cdot w_i, \ \forall i \in N.$$

利用 $\mathcal{E}$ 的局部无满足性,对任意 $i \in N$,都在 $y_i^m \in R_+^L$ 满足 $y_i^m \to x_i^*$,而且

$$u_i(y_i^m) > u_i(x_i^*),$$

可导出

$$p^* \cdot y_i^m > p^* \cdot w_i, \ \forall i \in N.$$

当 $m \to +\infty$ 时,有

$$p^* \cdot x_i^* \geqslant p^* \cdot w_i, \ \forall i \in N.$$

又因为

$$\sum_{i \in N} p^* \cdot x_i^* \leqslant \sum_{i \in N} p^* \cdot w_i,$$

那么必有

$$p^* \cdot x_i^* = p^* \cdot w_i, \ \forall i \in N,$$

得证 (x^*, p^*) 为交换经济 $\mathcal{E}$ 的竞争均衡.

第 15 讲
具有非序偏好博弈中的模糊核

本讲首先介绍模糊联盟的概念.基于模糊联盟,在具有非序偏好博弈中定义出模糊核,并给出模糊核存在性定理.本讲中的证明采用了不同于 Liu(2022) 的方法,其结论为 Border(1984) 中核存在性定理的模糊推广.下面一些数学概念参考于文献 Liu 和 Liu(2013,2014)、Liu 和 Tian(2014).

设 $N=\{1,\cdots,n\}$ 为局中人集合,

$\mathcal{N}=\{B \mid B \subseteq N\}$ 为联盟集,

$\mathcal{F}^N=[0,1]^n \setminus \{0\}$ 为模糊联盟集,

对任意 $s \in \mathcal{F}^N$,记

$$car(s)=\{i \in N \mid s_i > 0\},$$

$s_i \in [0,1]$ 表示局中人 i 参与联盟 $car(s)$ 的水平,

对任意 $B \in \mathcal{N}$,定义 $e^B \in R^n$ 使得

$$e_i^B=1, \forall i \in B; e_i^B=0, \forall i \notin B.$$

定义 15.1 对 $\mathcal{F}^N$ 中一个有限集合 β,如果存在权重 $\{\lambda_s > 0 \mid s \in \beta\}$ 使得

$$\sum_{s \in \beta} \lambda_s s = e^N,$$

则称 β 为平衡的.上式等价

$$\sum_{s \in \beta} \left(\frac{1}{n} \lambda_s \sum_{i \in car(s)} s_i\right) \left[\frac{s}{\sum_{i \in car(s)} s_i}\right] = \frac{e^N}{n}.$$

记

$$\pi_s = \frac{s}{\sum_{i \in car(s)} s_i} \in R^n, \forall s \in \mathcal{F}^N.$$

明显有

$$\frac{1}{n} \lambda_s \sum_{i \in car(s)} s_i > 0, \forall s \in \beta,$$

而且

$$\sum_{s \in \beta} \frac{1}{n} \lambda_s \sum_{i \in car(s)} s_i = \frac{1}{n} \sum_{i \in N} \sum_{s \in \beta, car(s) \ni i} \lambda_s s_i = 1.$$

因此 β 为平衡当且仅当

$$\pi_{e^N} \in co\{\pi_s \mid s \in \beta\}.$$

对任意 $i \in N$, X_i 为局中人 i 的策略集,记

$$X = \prod_{i \in N} X_i,$$

$$X_B = \prod_{i \in B} X_i, \forall B \in \mathcal{N};$$

$P_i: X_i \rightrightarrows X_i$ 为局中人 i 的偏好映射；

对任意 $s \in \mathcal{F}^N$, $F_s: X \rightrightarrows X_{car(s)}$ 为模糊联盟 s 的可行策略映射.

上述具有非序偏好博弈记为

$$\Gamma = (N, (X_i, P_i)_{i \in N}, (F_s)_{s \in \mathcal{F}^N}).$$

定义 15.2 如果存在策略组合 $x^* \in X$ 使得 $x^* \in F_{e^N}(x^*)$，对任意 $s \in \mathcal{F}^N$，都不存在

$$(y_i)_{i \in car(s)} \in F_s(x^*)$$

满足

$$y_i \in P_i(x_i^*), \forall i \in car(s),$$

则称 x^* 在 Γ 的模糊核中.

定理 15.1 具有非序偏好博弈

$$\Gamma = (N, (X_i, P_i)_{i \in N}, (F_s)_{s \in \mathcal{F}^N})$$

满足下面条件

(i) 对任意 $i \in N$, $X_i \subset R^{k_i}$ 为非空凸的；

(ii) 对任意 $s \in \mathcal{F}^N$, F_s 为连续具有非空紧值；

(iii) 对任意 $x \in X$, $F_{e^N}(x) = F$ 为非空凸紧的；

(iv) 对任意 $i \in N$, P_i 具有开图凸值且 $x_i \notin P_i(x_i)$, $\forall x_i \in X_i$；

(v) Γ 为平衡的，即对任意 $x \in X$ 和 $\mathcal{F}^N$ 中任意平衡集 β，且拥有平衡权重

$$\{\lambda_s > 0 \mid s \in \beta\},$$

如果 $y_{car(s)} \in F_s(x)$, $\forall s \in \beta$，那么 $y' \in F_{e^N}(x)$，这里

$$y_i' = \sum_{s \in \beta, car(s) \ni i} \lambda_s s_i (y_{car(s)})_i, \forall i \in N,$$

那么 Γ 存在一个非空模糊核.

证明：主要分下面部分证明上述结论.

第1部分，反证法.

假设 Γ 的模糊核为空的，那么对任意 $x \in F$，存在 $s \in \mathcal{F}^N$, $y_{car(s)} \in F_s(x)$ 使得

$$y_i \in P_i(x_i), \forall i \in car(s),$$

可导出

$$F \subset \bigcup_{s \in \mathcal{F}^N} G(s),$$

这里 $G: \mathcal{F}^N \rightrightarrows X$ 定义为

$$G(s) = \left\{ x \in X \mid F_s(x) \cap \prod_{i \in car(s)} P_i(x_i) \neq \varnothing \right\}.$$

我们下面验证对任意 $s \in \mathcal{F}^N$, $G(s)$ 在 X 中为开的.

对任意给定 $x \in G(s)$，那么存在 $y^s \in X_{car(s)}$ 使得

$$y^s = (y_i)_{i \in car(s)} \in F_s(x) \cap \prod_{i \in car(s)} P_i(x_i).$$

因为对任意 $i \in N$, P_i 在 $X_i \times X_i$ 中有开图,那么存在 y^s 和 x 的开邻域

$$O(y^s) = \prod_{i \in car(s)} O(y_i),$$

$$O^1(x) = \prod_{i \in car(s)} O^1(x_i) \times \prod_{i \notin car(s)} X_i,$$

使得任意 $(y'_i)_{i \in car(s)} \in O(y^s)$ 和任意 $x' \in O^1(x)$,有

$$y'_i \in P_i(x'_i), \ \forall i \in car(s).$$

因 F_s 为下半连续的,那么存在 x 的开邻域 $O^2(x)$ 使得

$$O(y^s) \cap F_s(x') \neq \varnothing, \ \forall x' \in O^2(x).$$

记

$$O(x) = O^1(x) \cap O^2(x).$$

那么对任意 $x' \in O(x)$,存在 $(y'_i)_{i \in car(s)} \in O(y^s) \cap F_s(x')$ 使得

$$y'_i \in P_i(x'_i), \ \forall i \in car(s),$$

可导出 $O(x) \subset G(s)$. 因此 $G(s)$ 为 X 中开集.

利用 F 的紧性,存在 $\mathcal{F}^N$ 中有限集 ϕ 使得

$$F \subset \bigcup_{s \in \phi} G(s).$$

记 $\mathcal{M} = \phi \cup \{e^B \mid B \subseteq N\}$. 那么有

$$F \subset \bigcup_{s \in \mathcal{M}} G(s).$$

第 2 部分,构建映射.

对任意 $i \in N$,定义局中人 i 的伪效用函数 $u_i : X_i \times X_i \to R$ 如下:

$$u_i(x_i, y_i) = d((x_i, y_i), Graph(P_i)^c).$$

由定理 3.2 中相同论述,有 u_i 为连续非负值;对任意 $x_i \in X_i$,$u_i(x_i, \cdot)$ 为拟凹的,

$$u_i(x_i, x_i) = 0;$$

$u_i(x_i, y_i) > 0$ 当且仅当 $y_i \in P_i(x_i)$. 利用 u_i 的连续性,存在 $M > 0$ 使得

$$\max_{s \in \mathcal{M}} \max_{i \in car(s)} \max_{x \in F} \max_{y_{car(s)} \in F_s(x)} u_i(x_i, (y_{car(s)})_i) < M.$$

给出下面的定义:

$$a^i = -nMe^{\{i\}}, \ \forall i \in N,$$

$$\bar{\pi}_s = -nM\pi_s, \ \forall s \in \mathcal{M},$$

$$\Delta = co\{a^i \mid i \in N\},$$

$$f_s(\lambda, x) = \max_{(y_i)_{i \in car(s)} \in F_s(x)} \min_{i \in car(s)} [u_i(x_i, y_i) - \lambda_i], \forall s \in \mathcal{M}, \forall (\lambda, x) \in \Delta \times F,$$

$$\bar{f}(\lambda, x) = \max\{f_s(\lambda, x) \mid s \in \mathcal{M}\}, \forall (\lambda, x) \in \Delta \times F,$$

$$g_s(\lambda, x) = \lambda + f_s(\lambda, x) e^N, \forall (\lambda, x) \in \Delta \times F, \forall s \in \mathcal{M},$$

$$\bar{g}(\lambda, x) = \lambda + \bar{f}(\lambda, x) e^N, \forall (\lambda, x) \in \Delta \times F,$$

$$I(\lambda, x) = \{s \in \mathcal{M} \mid f_s(\lambda, x) = \bar{f}(\lambda, x)\}, \forall (\lambda, x) \in \Delta \times F,$$

$$\varphi_1(\lambda, x) = \bar{\pi}_{e^N} - co\{\bar{\pi}_s \mid s \in I(\lambda, x)\}, \forall (\lambda, x) \in \Delta \times F,$$

$$\varphi_2(\lambda, x) = \{y \in F \mid u_i(x_i, y_i) \geqslant g_{e^N,i}(\lambda, x), \forall i \in N\} - x, \forall (\lambda, x) \in \Delta \times F,$$

$$\varphi(\lambda, x) = (\varphi_1(\lambda, x), \varphi_2(\lambda, x)), \forall (\lambda, x) \in \Delta \times F.$$

第 3 部分,证明 φ_1 和 φ_2 为上半连续具有非空凸紧值.

由定理 1.5,可知对任意 $s \in \mathcal{M}, f_s$ 为连续的,因而 $\bar{f}$ 也为连续的.进一步可得对任意 $s \in \mathcal{M}, g_s$ 和 $\bar{g}$ 也为连续的

(3.1) 明显 φ_1 为非空凸值的.记

$$H(\lambda, x) = co\{\bar{\pi}_s \mid s \in I(\lambda, x)\}, \forall (\lambda, x) \in \Delta \times F.$$

为了证 φ_1 为上半连续具有紧值,只需证明 H 为上半连续具有紧值.因 $\mathcal{M}$ 为有限的,那么存在 R^n 中的非空凸紧集 Θ 使得

$$H(\lambda, x) \subset \Theta, \forall (\lambda, x) \in \Delta \times F.$$

因此只证 H 具有闭图即可.

对 $\Delta \times F \times \Theta$ 中任意序列 $\{(\lambda^m, x^m, \gamma^m)\}$ 满足

$$(\lambda^m, x^m, \gamma^m) \to (\lambda, x, \gamma) \in \Delta \times F \times \Theta,$$

且 $\gamma^m \in H(\lambda^m, x^m), \forall m$,那么存在 $\delta_s^m \in [0, 1], \forall s \in \mathcal{M}$ 使得

$$\delta_s^m = 0, \forall s \notin I(\lambda^m, x^m),$$

$$\sum_{s \in I(\lambda^m, x^m)} \delta_s^m = 1,$$

$$\gamma^m = \sum_{s \in I(\lambda^m, x^m)} \delta_s^m \bar{\pi}_s = \sum_{s \in \mathcal{M}} \delta_s^m \bar{\pi}_s.$$

因 $\delta_s^m \in [0, 1], \forall s \in \mathcal{M}$,不失一般性,设

$$\delta_s^m \to \delta_s \in [0, 1], \forall s \in \mathcal{M},$$

可导出

$$\gamma = \sum_{s \in \mathcal{M}} \delta_s \bar{\pi}_s.$$

定义

$$I = \{s \in \mathcal{M} \mid \delta_s > 0\}.$$

下面证 $I \subset I(\lambda, x)$.

对任意 $s \in I$,有 $\delta_s > 0$,那么存在 $m_0 > 0$ 使得 $\delta_s^m > 0, \forall m > m_0$.可推出

$$s \in I(\lambda^m, x^m), \forall m > m_0.$$

因此有
$$f_s(\lambda^m, x^m) = \bar{f}(\lambda^m, x^m), \forall m > m_0.$$

由于 f_s 和 $\bar{f}$ 都是连续的,那么 $m \to +\infty$,有
$$f_s(\lambda, x) = \bar{f}(\lambda, x),$$

即 $s \in I(\lambda, x)$. 得证 $I \subset I(\lambda, x)$. 那么可得
$$\gamma = \sum_{s \in \mathcal{M}} \delta_s \bar{\pi}_s$$
$$= \sum_{s \in I} \delta_s \bar{\pi}_s$$
$$\in co\{\bar{\pi}_s \mid s \in I(\lambda, x)\}$$
$$= H(\lambda, x).$$

得证 H 的图为闭的.进而 φ_1 为上半连续具有非空凸紧值.

(3.2) 定义
$$\psi(\lambda, x) = \{y \in F \mid u_i(x_i, y_i) \geqslant g_{e^N, i}(\lambda, x), \forall i \in N\}, \forall (\lambda, x) \in \Delta \times F.$$

对任意 $(\lambda, x) \in \Delta \times F$,由 f_{e^N} 的定义,存在 $y \in F$ 使得
$$f_{e^N}(\lambda, x) = \min_{j \in N}[u_j(x_j, y_j) - \lambda_j].$$
$$g_{e^N, i}(\lambda, x) = \lambda_i + f_{e^N}(\lambda, x)$$
$$= \lambda_i + \min_{j \in N}[u_j(x_j, y_j) - \lambda_j]$$
$$\leqslant \lambda_i + u_i(x_i, y_i) - \lambda_i$$
$$= u_i(x_i, y_i).$$

因此,ψ 为非空值.

由对任意 $i \in N, x_i \in X_i, u_i(x_i, \cdot)$ 为拟凹的,明显有 ψ 为凸值的.进一步,由 $u_i, \forall i$ 和 g_{e^N} 的连续性,ψ 的图为
$$Graph(\psi) = \{(\lambda, x, y) \in \Delta \times F \times F \mid u_i(x_i, y_i) \geqslant g_{e^N, i}(\lambda, x), \forall i \in N\}$$
$$= \bigcap_{i \in N}\{(\lambda, x, y) \in \Delta \times F \times F \mid u_i(x_i, y_i) \geqslant g_{e^N, i}(\lambda, x)\}$$

为闭的.因此,ψ 为上半连续具有紧值.

综上,φ_2 为上半连续具有非空凸紧值.

第 4 部分,证明 φ 的内指向性.

φ_2 为内指向为显然的,只证 φ_1 具有内指向即可.对任意 $(\lambda, x) \in \Delta \times F$,可分下面两种情况.

(a) 如果 $\lambda_i < 0, \forall i \in N$,我们任取定 $s \in I(\lambda, x)$,取 $\mu > 0$,
$$\sum_{i \in N}[\lambda_i + \mu(\bar{\pi}_{e^N} - \bar{\pi}_s)_i] = -nM.$$

因此对充分小 $\mu>0$, 有
$$\lambda+\mu(\bar{\pi}_{e_N}-\bar{\pi}_s)\in\Delta.$$

(b) 如果
$$\lambda_j=0,\ \forall j\notin B;$$
$$\lambda_j<0,\ \forall j\in B;$$
$$N\backslash B\neq\varnothing.$$

任取定 $s\in I(\lambda,x)$, 如果 $j\notin B$, 即 $\lambda_j=0$, 根据
$$\sum_{i\in N}\lambda_i=-nM,$$

必存在 $k\in N$, 使得 $\lambda_k<-M$. 由 $f_{e\{k\}}$ 的定义, 有
$$f_{e_k}(\lambda,x)=\max_{y_k\in F_{e\{k\}}(x)}[u_k(x_k,y_k)-\lambda_k]$$
$$\geqslant -\lambda_k$$
$$>M.$$

由 $s\in I(\lambda,x)$, 可得
$$f_s(\lambda,x)=\bar{f}(\lambda,x)\geqslant f_{e\{k\}}(\lambda,x)>M.$$

我们验证 $j\notin car(s)$. 如果 $j\in car(s)$, 那么结合 $\lambda_j=0$, 有
$$\max_{(y_i)_{i\in car(s)}\in F_s(x)}u_j(x_j,y_j)$$
$$=\max_{(y_i)_{i\in car(s)}\in F_s(x)}[u_j(x_j,y_j)-\lambda_j]$$
$$\geqslant \max_{(y_i)_{i\in car(s)}\in F_s(x)}\min_{i\in car(s)}[u_i(x_i,y_i)-\lambda_i]$$
$$=f_s(\lambda,x)$$
$$>M.$$

这是一个矛盾. 因此, 取一个充分小的 $\mu>0$, 有
$$\sum_{i\in N}[\lambda_i+\mu(\bar{\pi}_{e_N}-\bar{\pi}_s)_i]=-nM,$$
$$\lambda_j+\mu(\bar{\pi}_{e_N}-\bar{\pi}_s)_j=\mu(\bar{\pi}_{e_N})_j<0,\ \forall j\notin B,$$
$$\lambda_j+\mu(\bar{\pi}_{e_N}-\bar{\pi}_s)_j<0,\ \forall j\in B,$$

即
$$\lambda+\mu(\bar{\pi}_{e_N}-\bar{\pi}_s)\in\Delta.$$

得证 φ_1 为内指向的.

第 5 部分, 完成证明.

由上面的分析,

$$\varphi = \varphi_1 \times \varphi_2 : \Delta \times F \rightrightarrows R^n \times \prod_{i \in N} R^{k_i}$$

满足定理 1.11,那么存在 $(\lambda^*, x^*) \in \Delta \times F$,使得

$$0 \in \varphi(\lambda^*, x^*),$$

即

$$\bar{\pi}_{e^N} \in co\{\bar{\pi}_s \mid s \in I(\lambda^*, x^*)\},$$

$$g_{e^N, i}(\lambda^*, x^*) \leqslant u_i(x_i^*, x_i^*) = 0, \ \forall i \in N.$$

因此,$I(\lambda^*, x^*)$ 为 $\mathcal{F}^N$ 中的一个平衡集.记

$$\{\eta_s > 0 \mid s \in I(\lambda^*, x^*)\}$$

为 $I(\lambda^*, x^*)$ 的平衡权重.

对任意 $s \in I(\lambda^*, x^*)$,存在 $y_{car(s)} \in F_s(x^*)$ 使得

$$f_s(\lambda^*, x^*) = \min_{j \in car(s)} [u_j(x_j^*, (y_{car(s)})_j) - \lambda_j^*],$$

即对任意 $j \in car(s)$,

$$u_j(x_j^*, (y_{car(s)})_j) \geqslant \lambda_j^* + f_s(\lambda^*, x^*)$$

$$= \lambda_j^* + \bar{f}(\lambda^*, x^*)$$

$$= \bar{g}_j(\lambda^*, x^*).$$

记 $y' \in X$ 使得

$$y_i' = \sum_{s \in I(\lambda^*, x^*), car(s) \ni i} \eta_s s_i (y_{car(s)})_i, \ \forall i \in N.$$

利用 Γ 的平衡性有 $y' \in F$. 进一步利用 $u_i(x_i^*, \cdot)$,$\forall i \in N$ 的拟凹性,可得对任意 $i \in N$,

$$u_i(x_i^*, y_i') = u_i\Big(x_i^*, \sum_{s \in I(\lambda^*, x^*), car(s) \ni i} \eta_s s_i (y_{car(s)})_i\Big)$$

$$\geqslant \min\{u_i(x_i^*, (y_{car(s)})_i) \mid s \in I(\lambda^*, x^*), car(s) \ni i\}$$

$$\geqslant \bar{g}_i(\lambda^*, x^*)$$

$$= \lambda_i^* + \bar{f}(\lambda^*, x^*).$$

因此可得

$$\bar{f}(\lambda^*, x^*) \geqslant f_{e^N}(\lambda^*, x^*)$$

$$= \max_{y \in F} \min_{i \in N} [u_i(x_i^*, y_i) - \lambda_i^*]$$

$$\geqslant \min_{i \in N} [u_i(x_i^*, y_i') - \lambda_i^*]$$

$$\geqslant \bar{f}(\lambda^*, x^*),$$

即

$$\bar{f}(\lambda^*, x^*) = f_{e^N}(\lambda^*, x^*),$$

可导出对任意 $i \in N$,
$$\bar{g}_i(\lambda^*, x^*) = \lambda_i^* + \bar{f}(\lambda^*, x^*)$$
$$= \lambda_i^* + f_{e^N}(\lambda^*, x^*)$$
$$= g_{e^N, i}(\lambda^*, x^*)$$
$$\leqslant 0.$$

我们下面验证
$$x^* \notin \bigcup_{s \in \mathcal{M}} G(s).$$

反证如果存在 $s \in \mathcal{M}$ 使得 $x^* \in G(s)$. 那么存在 $\tilde{y}_{car(s)} \in F_s(x^*)$ 使得
$$\tilde{y}_i \in P_i(x_i^*), \ \forall i \in car(s),$$

即得
$$u_i(x_i^*, \tilde{y}_i) > 0 \geqslant \bar{g}_i(\lambda^*, x^*), \ \forall i \in car(s).$$

因此可得
$$f_s(\lambda^*, x^*) = \max_{(z_i)_{i \in car(s)} \in F_s(x^*)} \min_{i \in car(s)} [u_i(x_i^*, z_i) - \lambda_i^*]$$
$$\geqslant \min_{i \in car(s)} [u_i(x_i^*, \tilde{y}_i) - \lambda_i^*]$$
$$> \min_{i \in car(s)} [\bar{g}_i(\lambda^*, x^*) - \lambda_i^*]$$
$$= \min_{i \in car(s)} [\lambda_i^* + \bar{f}(\lambda^*, x^*) - \lambda_i^*]$$
$$= \bar{f}(\lambda^*, x^*).$$

得到一个矛盾.因此有
$$x^* \notin \bigcup_{s \in \mathcal{M}} G(s) \supset F.$$

得到矛盾.证毕.

定理 15.1 能退化为经典联盟的情形,得到 Border(1984) 中的结果.

定理 15.2 具有非序偏好博弈
$$\Gamma = (N, (X_i, P_i)_{i \in N}, (F_B)_{B \in \mathcal{N}})$$
满足下面条件:

(i) 对任意 $i \in N$, $X_i \subset R^{k_i}$ 为非空凸的;

(ii) 对任意 $B \in \mathcal{N}$, F_B 为连续具有非空紧值;

(iii) 对任意 $x \in X$, $F_N(x) = F$ 为非空凸紧的;

(iv) 对任意 $i \in N$, P_i 具有开图凸值,且 $x_i \notin P_i(x_i), \forall x_i \in X_i$;

(v) Γ 为平衡的,即对任意 $x \in X$ 和 $\mathcal{N}$ 中任意平衡集 β 且拥有平衡权重
$$\{\lambda_B > 0 \mid B \in \beta\},$$

如果 $y_B \in F_B(x), \forall B \in \beta$,那么 $y' \in F_N(x)$,这里

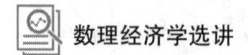

$$y'_i = \sum_{B \in \beta, B \ni i} \lambda_B (y_B)_i, \ \forall i \in N.$$

那么 Γ 有一个非空核.即存在 $x^* \in F$ 使得对任意 $B \in \mathcal{N}$，都不存在 $y_B \in F_B(x^*)$ 满足

$$(y_B)_i \in P_i(x^*), \ \forall i \in B.$$

第 16 讲
合伙型 KKMS 定理与非传递效用合作博弈中的合伙核

本讲为扩展性内容,首先介绍了合伙性,并给出了 KKMS 定理和核的合伙型扩展,证明了两个定理,主要参考文献为 Reny 和 Wooders(1996,1998),Ichiishi 和 Idzik(2002).

设 $N=\{1,\cdots,n\}$ 为局中人集合,

$\mathcal{N}=\{B\mid B\subseteq N\}$ 为联盟集合.

设 $P\subseteq\mathcal{N}$. 对任意 $i\in N$,

$$P_i=\{B\in P\mid i\in B\}.$$

定义 16.1 如果 $P_i\neq\varnothing,\forall i\in N$ 而且对任意 $i,j\in N$,

$$P_i\subset P_j\Rightarrow P_j\subset P_i,$$

称 P 具有合伙性.

下面首先介绍一个 KKMS 定理的推广形式.

定理 16.1 $\{F_B\mid B\in\mathcal{N}\}$ 为 Δ^N 中的闭集簇,而且

$$\Delta^B\subset\bigcup_{B\subseteq A}F_B,\ \forall A\in\mathcal{N}.$$

对任意 $i,j\in N$,存在连续函数 $c_{ij}:\Delta^N\to R_+$ 使得对任意 $B\in\mathcal{N}$,

$$c_{ij}(x)=0,\ \forall x\in F_B,\ \forall j\in B,\ \forall i\notin B.$$

那么存在 $x^*\in\Delta^N$ 使得

$$\{B\in\mathcal{N}\mid x^*\in F_B\}$$

为平衡的,而且对任意 $i\in N$,

$$\sum_{j\in N}(c_{ij}(x^*)-c_{ji}(x^*))=0.$$

证明:对任意 $x\in\Delta^N$,记

$$I(x)=\{B\in\mathcal{N}\mid x\in F_B\},$$

对任意 $B\in\mathcal{N}$,定义函数 $\eta^B:\Delta^N\to R^n$ 如下:

$$\eta_i^B=\frac{1}{|B|}\sum_{j\in B}(c_{ij}(x)-c_{ji}(x)),\ \forall i\in B,$$

$$\eta_i^B=0,\ \forall i\notin B.$$

定义集值映射 $F,G:\Delta^N\rightrightarrows R^n$ 如下:

$$F(x)=\{m^N\},$$

$$G(x)=co\{m^B+\eta^B(x)\mid B\in I(x)\}.$$

同以往章节相同的论述,可得 F,G 为上半连续具有非空凸紧值.现在任取 $x\in\Delta^N,p\in R^n$ 满足

$$p\cdot x=\min\{p\cdot y\mid y\in\Delta^N\}.$$

那么记
$$T = \{i \in N \mid p_i = \min_{k \in N} p_k\}.$$
那么对任意 $y \in \Delta^T$,
$$p \cdot y = \min\{p \cdot z \mid z \in \Delta^N\},$$
而且有
$$x_i > 0, \ \forall i \in T;$$
$$x_i = 0, \ \forall i \notin T,$$
可得 $x \in \Delta^T$. 那么存在 $B \subseteq T$ 使得 $x \in F_B$, 即 $B \in I(x)$. 取
$$m^B + \eta^B(x) \in G(x),$$
有
$$p \cdot m^B = \min\{p \cdot z \mid z \in \Delta^N\} \leqslant p \cdot m^N,$$
$$\begin{aligned} p \cdot \eta^B(x) &= \sum_{i \in N} p_i \eta_i^B(x) \\ &= \sum_{i \in B} p_i \eta_i^B(x) \\ &= \Big(\min_{k \in N} p_k\Big) \sum_{i \in B} \eta_i^B(x) \\ &= \Big(\min_{k \in N} p_k\Big) \frac{1}{|B|} \sum_{i \in B} \sum_{j \in B} (c_{ij}(x) - c_{ji}(x)) \\ &= 0. \end{aligned}$$
因而可得
$$p \cdot m^N \geqslant p \cdot m^B + p \cdot \eta^B(x).$$
因此由定理 1.16, 存在 $x^* \in \Delta^N$ 使得
$$m^N \in co\{m^B + \eta^B(x^*) \mid B \in I(x^*)\}.$$
那么存在
$$\{\lambda_B > 0 \mid B \in I(x^*)\}$$
使得
$$\sum_{B \in I(x^*)} \lambda_B = 1,$$
$$m^N = \sum_{B \in I(x^*)} \lambda_B m^B + \sum_{B \in I(x^*)} \lambda_B \eta^B(x^*).$$
记
$$p^* = m^N - \sum_{B \in I(x^*)} \lambda_B m^B = \sum_{B \in I(x^*)} \lambda_B \eta^B(x^*).$$
我们下面验证 $p^* = 0$. 首先明显可得

$$\sum_{i \in N} p_i^* = \sum_{i \in N} m_i^N - \sum_{i \in N} \sum_{B \in I(x^*), B \ni i} \lambda_B m_i^B$$
$$= 1 - \sum_{B \in I(x^*)} \lambda_B \sum_{i \in B} m_i^B$$
$$= 1 - \sum_{B \in I(x^*)} a_B$$
$$= 0.$$

记
$$M = \left\{ i \in N \,\middle|\, p_i^* = \max_{j \in N} p_j^* \right\},$$

只需证
$$\sum_{j \in M} p_j^* \leqslant 0,$$

即能得证 $p^* = 0$.

对任意 $B \in \mathcal{N}$, 如果 $i \in M \cap B$, $j \in B \backslash M$, 那么明显有
$$p_i^* > p_j^*.$$

结合下面不等式
$$p^* = m^N - \sum_{B \in I(x^*)} \lambda_B m^B,$$

那么存在 $C \in I(x^*)$ 使得 $j \in C$, $i \notin C$. 这可以导出
$$c_{ij}(x^*) = 0.$$

那么对任意 $B \in I(x^*)$, 可得
$$\sum_{i \in M} \eta_i^B(x^*)$$
$$= \frac{1}{|B|} \sum_{i \in M \cap B} \sum_{j \in B} (c_{ij}(x^*) - c_{ji}(x^*))$$
$$= \frac{1}{|B|} \sum_{i \in M \cap B} \sum_{j \in M \cap B} (c_{ij}(x^*) - c_{ji}(x^*))$$
$$+ \frac{1}{|B|} \sum_{i \in M \cap B} \sum_{j \in B \backslash M} (c_{ij}(x^*) - c_{ji}(x^*))$$
$$= \frac{1}{|B|} \sum_{i \in M \cap B} \sum_{j \in B \backslash M} (c_{ij}(x^*) - c_{ji}(x^*))$$
$$= \frac{1}{|B|} \sum_{i \in M \cap B} \sum_{j \in B \backslash M} (-c_{ji}(x^*))$$
$$\leqslant 0.$$

进而可得

$$\sum_{i \in M} p_i^* = \sum_{B \in I(x^*)} \lambda_B \sum_{i \in M} \eta_i^B(x^*) \leqslant 0.$$

那么得证 $p^* = 0$. 因此

$$m^N \in co\{m^B \mid B \in I(x^*)\}.$$

即 $I(x^*)$ 为平衡的.

因此, 对任意 $i \in N$,

$$\begin{aligned} 0 &= p_i^* \\ &= \sum_{B \in I(x^*)} \lambda_B \eta_i^B(x^*) \\ &= \sum_{B \in I(x^*), B \ni i} \frac{\lambda_B}{|B|} \sum_{j \in B} (c_{ij}(x^*) - c_{ji}(x^*)). \end{aligned}$$

因为

$$c_{ij}(x^*) = 0, \ \forall B \in I(x^*), i \notin B, j \in B,$$

那么

$$\sum_{B \in I(x^*), B \not\ni i} \frac{\lambda_B}{|B|} \sum_{j \in B} (c_{ij}(x^*) - c_{ji}(x^*))$$

$$= \sum_{B \in I(x^*), B \not\ni i} \frac{\lambda_B}{|B|} \sum_{j \in B} (-c_{ji}(x^*)) \leqslant 0.$$

因此可得对任意 $i \in N$,

$$\begin{aligned} &\frac{1}{n} \sum_{j \in N} (c_{ij}(x^*) - c_{ji}(x^*)) \\ &= \sum_{j \in N} \sum_{B \in I(x^*), B \ni j} \frac{\lambda_B}{|B|} (c_{ij}(x^*) - c_{ji}(x^*)) \\ &= \sum_{B \in I(x^*)} \frac{\lambda_B}{|B|} \sum_{j \in B} (c_{ij}(x^*) - c_{ji}(x^*)) \\ &= \sum_{B \in I(x^*), B \ni i} \frac{\lambda_B}{|B|} \sum_{j \in B} (c_{ij}(x^*) - c_{ji}(x^*)) \\ &\quad + \sum_{B \in I(x^*), B \not\ni i} \frac{\lambda_B}{|B|} \sum_{j \in B} (c_{ij}(x^*) - c_{ji}(x^*)) \\ &= \sum_{B \in I(x^*), B \not\ni i} \frac{\lambda_B}{|B|} \sum_{j \in B} (c_{ij}(x^*) - c_{ji}(x^*)) \\ &\leqslant 0. \end{aligned}$$

因

$$\sum_{i \in N} \sum_{j \in N} (c_{ij}(x^*) - c_{ji}(x^*)) = 0,$$

那么可得
$$\sum_{j\in N}(c_{ij}(x^*)-c_{ji}(x^*))=0.$$

证毕.

定理 16.2 V 为一个平衡的非传递效用合作博弈,对任意 $i,j\in N$,存在一个连续函数 $c_{ij}:\partial W\to R_+$,使得对任意 $B\in\mathcal{N}$,
$$c_{ij}(x)=0,\ \forall x\in V(B)\cap\partial W,\ i\notin B,\ j\in B.$$

这里
$$q=\max\{M^B\mid B\in\mathcal{N}\}+1,$$
$$Q=\{x\in R^n\mid x_i\leqslant q,\ \forall i\in N\},$$
$$W=\Big(\bigcup_{B\in\mathcal{N}}V(B)\Big)\cap Q.$$

那么存在
$$y^*\in V(N)\setminus\bigcup_{B\in\mathcal{N}}int V(B)$$

使得对任意 $i\in N$,
$$\sum_{j\in N}(c_{ij}(y^*)-c_{ji}(y^*))=0.$$

证明:(1) 对任意 $B\in\mathcal{N}$,定义函数 $\eta^B:\partial W\to R^n$ 如下:
$$\eta_i^B(y)=\frac{1}{\mid B\mid}\sum_{j\in B}[c_{ij}(y)-c_{ji}(y)],\ \forall i\in B,$$
$$\eta_i^B(y)=0,\ \forall i\notin B.$$

进一步定义函数 $f:\Delta^N\to\partial W$ 如下:
$$f(x)=\{y\in\partial W\mid y=tx,\ \exists t\geqslant 0\}.$$

由定理 4.5 证明 III,可得为 f 单值连续的.

记
$$\eta^*=\max\{\mid\eta_i^B(f(x))\mid:B\in\mathcal{N},x\in\Delta^N,i\in N\},$$
$$\Omega=\Big\{w\in R^n:\mid w_i\mid\leqslant\eta^*,\ \forall i\in N;\ \sum_{i=1}^n w_i=0\Big\}.$$

明显 Ω 为非空凸紧的.

定义映射 $h:\Delta^N\times\Delta^N\times\Omega\to\Delta^N$ 如下:
$$h_i(x,p,w)=\frac{x_i+\max\{p_i-\frac{1}{n},w_i,0\}}{1+\sum_{j\in N}\max\{p_j-\frac{1}{n},w_j,0\}},\ \forall i\in N,$$
$$h(x,p,w)=(h_i(x,p,w))_{i\in N}.$$

明显 h 为连续的.

定义集值映射 $G: \Delta^N \rightrightarrows \Delta^N \times \Omega$ 如下:
$$G(x) = co\{(m^B, \eta^B(f(x))) \mid f(x) \in V(B)\}.$$

利用 $\eta^B(\cdot)$, $f(\cdot)$ 的连续性,采用定理 4.5 中相同的论述方式,可得 G 为上半连续具有非空凸紧值.

由上面论述可得
$$h \times G: \Delta^N \times \Delta^N \times \Omega \rightrightarrows \Delta^N \times \Delta^N \times \Omega$$

为上半连续具有非空凸紧值.利用定理 1.8,存在 $(x^*, p^*, w^*) \in \Delta^N \times \Delta^N \times \Omega$ 使得
$$(p^*, w^*) \in co\{(m^B, \eta^B(f(x^*))) \mid f(x^*) \in V(B)\},$$

而且对任意 $i \in N$,
$$x_i^* \sum_{j \in N} \max\left\{p_j^* - \frac{1}{n}, w_j^*, 0\right\} = \max\left\{p_i^* - \frac{1}{n}, w_i^*, 0\right\}.$$

记
$$I(x^*) = \{B \in \mathcal{N} \mid f(x^*) \in V(B)\}.$$

那么存在
$$\{\lambda_B > 0 \mid B \in I(x^*)\}$$

满足
$$\sum_{B \in I(x^*)} \lambda_B = 1,$$

使得
$$w^* = \sum_{B \in I(x^*)} \lambda_B \eta^B(f(x^*)),$$
$$p^* = \sum_{B \in I(x^*)} \lambda_B m^B,$$
$$y^* = f(x^*),$$
$$\lambda_B > 0 \Leftrightarrow f(x^*) \in V(B).$$

(2) 下面验证【如果
$$\sum_{j \in N} \max\left\{p_j^* - \frac{1}{n}, w_j^*, 0\right\} \neq 0,$$

可得存在 $m \in N$,使得 $x_m^* = 0$.】

记
$$M = \left\{m \in N \mid p_m^* = \min_{j \in N} p_j^*\right\}.$$

由
$$\sum_{j \in N} p_j^* = 1,$$

那么对任意 $m \in M$,

$$np_m^* \leqslant \sum_{j \in N} p_j^* = 1,$$

推出

$$p_m^* \leqslant \frac{1}{n}.$$

如果 $p_j^* > p_m^*$，因

$$p^* = \sum_{B \in I(x^*)} \lambda_B m^B,$$

那么存在 $B \in I(x^*)$ 使得 $j \in B$，$m \notin B$. 因

$$y^* \in V(B) \cap \partial W,$$

可得

$$c_{mj}(y^*) = 0.$$

因此对任意 $m \in M$，$B \in \mathcal{N}$，有

$$\eta_m^B(y^*) = \frac{1}{|B|} \sum_{j \in B} [c_{mj}(y^*) - c_{jm}(y^*)]$$

$$= \frac{1}{|B|} \sum_{j \in B,\ p_j^* = p_m^*} [c_{mj}(y^*) - c_{jm}(y^*)]$$

$$+ \frac{1}{|B|} \sum_{j \in B,\ p_j^* > p_m^*} [c_{mj}(y^*) - c_{jm}(y^*)]$$

$$= \frac{1}{|B|} \sum_{j \in B,\ p_j^* = p_m^*} [c_{mj}(y^*) - c_{jm}(y^*)]$$

$$- \frac{1}{|B|} \sum_{j \in B,\ p_j^* > p_m^*} c_{jm}(y^*).$$

进一步可得

$$\sum_{m \in M} \eta_m^B(y^*) = \sum_{m \in M \cap B} \eta_m^B(y^*)$$

$$= \sum_{m \in M \cap B} \sum_{j \in M \cap B} \frac{1}{|B|} [c_{mj}(y^*) - c_{jm}(y^*)]$$

$$+ \sum_{m \in M \cap B} \sum_{j \in B \setminus M} \frac{1}{|B|} [c_{mj}(y^*) - c_{jm}(y^*)]$$

$$= - \sum_{m \in M \cap B} \sum_{j \in B \setminus M} \frac{1}{|B|} c_{jm}(y^*)$$

$$\leqslant 0.$$

那么

$$\sum_{m \in M} w_m^* = \sum_{B \in I(x^*)} \lambda_B \sum_{m \in M} \eta_m^B(y^*) \leqslant 0.$$

因此存在 $m' \in M, w_{m'}^* \leqslant 0$.

再由 $p_{m'}^* \leqslant \dfrac{1}{n}$, 可得

$$x_{m'}^* \sum_{j \in N} \max\left\{p_j^* - \frac{1}{n}, w_j^*, 0\right\} = \max\left\{p_{m'}^* - \frac{1}{n}, w_{m'}^*, 0\right\} = 0.$$

由

$$\sum_{j \in N} \max\left\{p_j^* - \frac{1}{n}, w_j^*, 0\right\} \neq 0,$$

可得 $x_{m'}^* = 0$. 完成(2)证明.

(3) 下面验证

$$p_i^* = \frac{1}{n}, \ w_i^* = 0, \ \forall i \in N.$$

反证如果上面论述不成立,那么

$$\sum_{j \in N} \max\left\{p_j^* - \frac{1}{n}, w_j^*, 0\right\} > 0.$$

记

$$I = \{i \in N: x_i^* > 0\},$$
$$K = \{k \in N: x_k^* = 0\}.$$

由第(2)部分的分析,当

$$\sum_{j \in N} \max\left\{p_j^* - \frac{1}{n}, w_j^*, 0\right\} > 0,$$

有 $K \neq \varnothing$. 因此由

$$x_i^* \sum_{j \in N} \max\left\{p_j^* - \frac{1}{n}, w_j^*, 0\right\} = \max\left\{p_i^* - \frac{1}{n}, w_i^*, 0\right\} > 0, \ \forall i \in I,$$

可得对任意 $i \in I$,

$$p_i^* > \frac{1}{n} \ \text{或者} \ w_i^* > 0.$$

两种情形都可导出对任意 $i \in I$, 存在 $B \in I(x^*)$ 且 $i \in B$. 因而有

$$y^* = f(x^*) \in V(B),$$

即有

$$y_i^* < q, \ \forall i \in I.$$

利用 f 的定义,

$$f(x) = \{y \in \partial W \mid y = tx, \ \exists t \geqslant 0\},$$

可得

$$y_k^* = f_k(x^*) = 0, \ \forall k \in K,$$

因 $K \neq \varnothing$，由上分析可得
$$y_i^* < q, \ \forall i \in I,$$
$$y_k^* = 0, \ \forall k \in K,$$
$$y^* \in V(B),$$
$$y^* \in \partial W.$$

由定理 4.5 证明Ⅲ中论述，存在 $i_0 \in N$ 使得 $y_{i_0}^* = q$，得到一个矛盾．因此我们得证
$$p_i^* = \frac{1}{n}, \ w_i^* = 0, \ \forall i \in N.$$

（4）完成证明．

由 $p^* = m^N$，那么
$$m^N \in co\{m^B \mid B \in I(x^*)\}.$$

得证 $I(x^*)$ 为平衡的．

由 V 的平衡性，有
$$y^* \in \bigcap_{B \in I(x^*)} V(B) \subset V(N).$$

此外 $y^* \in \partial W$，得证
$$y^* \in V(N) \backslash \bigcup_{B \in \mathcal{N}} int V(B).$$

进一步，对任意 $i \in N$，有
$$0 = w_i^*$$
$$= \sum_{B \in I(x^*)} \lambda_B \eta_i^B(y^*) = \sum_{B \in I(x^*)} \frac{\lambda_B}{|B|} \sum_{j \in B} [c_{ij}(y^*) - c_{ji}(y^*)]$$
$$= \sum_{j \in N} \Big(\sum_{B \in I(x^*), B \ni j} \frac{\lambda_B}{|B|} \Big) [c_{ij}(y^*) - c_{ji}(y^*)]$$
$$= \frac{1}{n} \sum_{j \in N} [c_{ij}(y^*) - c_{ji}(y^*)]$$
$$= \eta_i^N(y^*).$$

即得证 y^* 为 V 的核中，且对任意 $i \in N$，
$$\sum_{j \in N} [c_{ij}(y^*) - c_{ji}(y^*)] = 0.$$

证毕．

定理 16.3 V 为一个平衡的非传递效用合作博弈，那 V 有一个非空的合伙核，即存在
$$y^* \in V(N) \backslash \bigcup_{B \in \mathcal{N}} int V(B).$$

且
$$P = \{B \in \mathcal{N} \mid y^* \in V(B)\}$$

具有合伙性.

证明：对任意 $i, j \in N$，定义函数 $c_{ij}: R^n \to R_+$ 如下：
$$c_{ij}(y) = \min\{d(y, V(B)) \mid i \notin B, j \in B\}.$$

利用定理 16.2，存在
$$y^* \in V(N) \setminus \bigcup_{B \in \mathcal{N}} int V(B).$$
$$\sum_{j \in N}[c_{ij}(y^*) - c_{ji}(y^*)] = 0, \ \forall i \in N.$$

可得
$$P = \{B \in \mathcal{N} \mid y^* \in V(B)\}$$

具有合伙性. 证毕.

附录 习 题

1. $X \subset R^n$ 为非空凸集.证对任意
$$x_i \in X,\ t_i \in [0, 1],\ i=1,\cdots,m;\ \sum_{i=1}^m t_i = 1,$$
有
$$\sum_{i=1}^m t_i x_i \in X.$$

2. 证下面命题等价. $A \subset R^n$ 为非空.
(a) A 为有界闭集;
(b) A 为任意序列 $\{x_n\}$,存在子序列 $\{x_{n_k}\}$ 使得 $x_{n_k} \to x \in A$;
(c) A 中具有有限交的闭集簇 $\{F_\lambda \mid \lambda \in \Lambda\}$,可得
$$\bigcap_{\lambda \in \Lambda} F_\lambda \neq \varnothing;$$
(d) A 中任意开集簇 $\{G_\lambda \mid \lambda \in \Lambda\}$ 满足
$$A \subset \bigcup_{\lambda \in \Lambda} G_\lambda,$$
可得存在 $n \in \mathbf{N}$,使得
$$A \subset \bigcup_{i=1}^n G_{\lambda_i}.$$

3. $X_i \subset R^n$,$\forall i=1,\cdots,m$ 为非空紧的,证 $\prod_{i=1}^m X_i$ 为非空紧的.

4. $X \subset R^n$ 为非空紧的,$f: X \to R$ 为连续,证存在 $x_1, x_2 \in X$ 使得
$$f(x_1) = \max\{f(x) \mid x \in X\},$$
$$f(x_2) = \min\{f(x) \mid x \in X\}.$$

5. $A, B \subset R^n$ 为非空凸集,证 $\forall a, b \in R$,$aA + bB$ 为凸集.

6. $X \subset R^n$ 为非空凸集,$f: X \to R$ 为凹函数,证任意
$$x_i \in X,\ t_i \geqslant 0,\ i=1,\cdots,m,\ \sum_{i=1}^m t_i = 1$$
有
$$f\left(\sum_{i=1}^m t_i x_i\right) \geqslant \sum_{i=1}^m t_i f(x_i).$$

7. $X \subset R^n$ 为非空凸集，$f: X \to R$ 为拟凹的，证当且仅当对任意 $c \in R$，
$$\{x \in X \mid f(x) \geqslant c\}$$
为凸集.

8. $X \subset R^n$ 为非空凸的，对任意 $i \in I$，$f_i: X \to R$ 为(拟)凹的，证
$$\inf\{f_i(x) \mid i \in I\}$$
为(拟)凹.

9. $X \subset R^n$ 为非空凸的，证 clX，$intX$ 为凸集.

10. $X \subset R^n$ 为非空紧集，证 coX 也为紧集.

11. 对任意 $x, y \in R^n$，证
$$\|x+y\|^2 + \|x-y\|^2 = 2(\|x\|^2 + \|y\|^2).$$

12. 设 $X \subset R^m$，$Y \subset R^n$，$F: X \rightrightarrows Y$ 为上半连续具有非空闭值，证 F 的图为闭的.

13. 设 $X \subset R^m$，$Y \subset R^n$ 为非空紧的，$F: X \rightrightarrows Y$ 的图为闭的，证 F 为上半连续的.

14. 设 $X \subset R^m$，$Y \subset R^n$，$F, G: X \rightrightarrows Y$，如果 F 的图为闭的，G 为上半连续具有紧值，且
$$F(x) \bigcap G(x) \neq \varnothing, \forall x \in X,$$
证 $F(x) \bigcap G(x)$ 为上半连续的.

15. 设 $X \subset R^m$，对任意 $i=1, \cdots, k$，$Y_i \subset R^{n_i}$，$F_i: X \rightrightarrows Y_i$ 为上半连续具有非空紧值. 证
$$\prod_{i=1}^{k} F_i : X \rightrightarrows \prod_{i=1}^{k} Y_i$$
为上半连续具有非空紧值.

16. 设 $X \subset R^m$，$Y \subset R^n$，$F_1, F_2: X \rightrightarrows Y$ 为上半连续具有非空紧值. 证
$$F(x) = F_1(x) + F_2(x)$$
为上半连续具有非空紧值.

17. 设 $X \subset R^m$，$Y \subset R^n$，$Z \subset R^k$，$F: X \rightrightarrows Y$，$G: Y \rightrightarrows Z$. F 和 G 为上(下)半连续，证
$$G(F(x)) = \bigcup_{y \in F(x)} G(y)$$
为上(下)半连续.

18. 设 $X \subset R^m$，$Y \subset R^n$，$f: X \times Y \to R$ 为连续的，$G: Y \rightrightarrows X$ 为连续具有非空紧值. 证
(a)
$$m(y) = \max_{x \in G(y)} f(x, y)$$
为连续的；
(b) 集值映射
$$F(y) = \{x \in G(y) \mid f(x, y) = \max_{z \in G(y)} f(z, y)\}$$
为上半连续具有非空紧值.

19. 设 $X \subset R^m$，$Y \subset R^n$，$H: X \times Y \rightrightarrows X$ 具有开图凸值而且 $x \notin H(x)$，$\forall x \in X$，$G: Y \rightrightarrows X$ 为连续具有非空凸紧值. 证明

$$F(y) = \{x \in G(y) \mid H(x, y) \cap G(y) = \emptyset\}$$

为上半连续具有非空紧值.

20. 设 $X \subset R^m, Y \subset R^n, F: X \rightrightarrows Y$ 具有非空紧值.证明 F 在 X 上(下)半连续当且仅当对任意 $\varepsilon > 0$,存在 x 的开邻域 $O(x)$ 使得对任意 $x' \in O(x)$,有

$$F(x') \subset \varepsilon + F(x) \, (F(x) \subset \varepsilon + F(x')),$$

这里 $\varepsilon + A = \{y \in R^n \mid d(y, A) < \varepsilon\}$.

21. 利用 Kakutani 不动点证明.设 $X \subset R^n$ 为非空凸紧集,$f: X \times X \to R$ 为连续且对任意 $x \in X, f(x, \cdot)$ 为拟凹的,$f(x, x) \leqslant 0$,证存在 $x^* \in X$ 使得

$$f(x^*, y) \leqslant 0, \forall y \in X.$$

22. 设 $X \subset R^n$ 为非空凸紧的,$F: X \rightrightarrows X$ 具有非空凸紧值,且对任意 $y \in X, F^{-1}(y)$ 为开的.证存在 $x^* \in X$ 使得 $x^* \in F(x^*)$.

23. 对任意 $i \in \{1, \cdots, n\}, X_i \subset R^{m_i}$ 为非空紧的,$K_i \subset \prod_{j=1}^n X_j$ 为非空的,且

(i) 对任意 $x_{-i} \in X_{-i}$,

$$\{y_i \in X_i \mid (y_i, x_{-i}) \in K_i\}$$

为非空凸的;

(ii) 对任意 $x_i \in X_i$,

$$\{y_{-i} \in X_{-i} \mid (x_i, y_{-i}) \in K_i\}$$

为 X_{-i} 中开集.

证:

$$\bigcap_{j=1}^n K_j \neq \emptyset.$$

24. $X \subset R^m, Y \subset R^n$ 为非空凸紧的,$E, F \subset X \times Y$ 为非空闭的,且

(i) $\forall x \in X, \{y \in Y \mid (x, y) \in E\}$ 为非空凸集;

(ii) $\forall y \in Y, \{x \in X \mid (x, y) \in F\}$ 为非空凸集.

证

$$E \cap F \neq \emptyset.$$

25. 设 $X \subset R^n$ 为非空凸紧的,$f: X \times X \to R$ 为连续,且对任意 $x \in X, f(x, \cdot)$ 为拟凹的,$f(x, x) \leqslant 0$,$G: X \rightrightarrows X$ 为连续具有非空凸紧值.证明存在 $x^* \in X$ 使得

$$x^* \in G(x^*), f(x^*, y) \leqslant 0, \forall y \in G(x^*).$$

26. 设 $X \subset R^n$ 为非空凸紧,$F: X \rightrightarrows R^n$ 为上半连续具有非空紧凸值.证明存在 $x^* \in X, u^* \in F(x^*)$ 使得

$$u^* \cdot (y - x^*) \geqslant 0, \forall y \in X.$$

27. $X \subset R^m, Y \subset R^n$ 为非空凸紧的,$f: X \times Y \to R$ 为连续的,且对任意 $(x, y) \in X \times Y, f(x, \cdot)$ 为下半连续拟凸,$f(\cdot, y)$ 为上半连续拟凹的,证明

$$\max_{x \in X} \min_{y \in Y} f(x, y) = \min_{y \in Y} \max_{x \in X} f(x, y).$$

28. 设 $X \subset R^n$ 为非空凸紧的，$Y \subset R^m$ 为非空凸紧的，$A: X \times Y \to R$，$a: X \to R$ 为连续的，且对任意 $x \in X$，$A(x, \cdot)$ 为凸的，
$$\min_{y \in Y} A(x, y) < a(x).$$

证明
$$F(x) = \{y \in Y \mid A(x, y) \leqslant a(x)\}$$
为连续具有非空凸紧值.

29. 设 $X \subset R^n$ 为非空凸紧的，I 为一个有限集，$\forall i \in I$，记 $a^i \in R^n$，$f_i: X \to R$ 为连续的，
$$g(x) = \max\{f_i(x): i \in N\},$$

证明
$$F(x) = co\{a^i \mid f_i(x) = g(x)\}$$
为上半连续具有凸紧值.

30. 设 $N = \{1, \cdots, n\}$. 对任意 $i \in N$，$X_i \subset R^{k_i}$ 为非空凸紧的，$f_i: \prod_{j \in N} X_j \to R$ 为连续拟凹的，对任意 $B \subseteq N$，记
$$V(B) = \{w \in R^n \mid \exists y_B \in X_B, s.t., \min_{z_{-B} \in X_{-B}} f_i(y_B, z_{-B}) \geqslant w_i, \forall i \in B\}.$$

证明 V 为平衡的.

31. 设 $N = \{1, \cdots, n\}$. 对任意 $i \in N$，$X_i = [0, w_i]$，$f_i: \prod_{j \in N} X_j \to R$ 为连续凹单增的，且对任意 $B \subseteq N$，记
$$W(B) = \max_{y_B \in X_B} \min_{z_{-B} \in X_{-B}} \sum_{i \in B} f_i(y_B, z_{-B}).$$

证 W 为平衡的.

32. 对规范型博弈 $\Gamma = (X_i, u_i)_{i \in N}$，对任意 $i \in N$，$X_i \subset R^{k_i}$ 为非空凸紧的，u_i 为连续，且对任意 $x_{-i} \in X_{-i}$，$u_i(\cdot, x_{-i})$ 为凹的. 利用 Brouwer 不动点证明 Nash 均衡的存在性.

33. 记
$$N = \{1, \cdots, n\},$$
$$M = \{1, \cdots, m\},$$
$$\theta_{ij} \in [0, 1], \sum_{i \in N} \theta_{ij} = 1, \forall j \in M,$$
$$w_i \in R_+^L, Y_j \in R^L,$$

对任意 $B \subseteq N$，记
$$F_B = \left\{(x_i)_{i \in B} \in R_+^{L \times |B|} \mid \sum_{i \in B} x_i \leqslant \sum_{i \in B} w_i + \sum_{i \in B} \sum_{j \in M} \{\theta_{ij} y_j\}, \exists y \in Y\right\}.$$

证明任意平衡集 β 具有平衡权重 $\{\lambda_B > 0 \mid B \in \beta\}$，有

$$\sum_{B\in\beta}\lambda_B(F_B\times R_+^{L\times|-B|})\subset F_N.$$

34. 设 $X\subset R^m$, $Y\subset R^n$, $F: X \rightrightarrows Y$, Y 为非空凸. 证明

(a) F 在 $x\in X$ 上半连续具有非空紧值,那么 $coF(\cdot)$ 在 x 上半连续.

(b) F 在 $x\in X$ 下半连续,那么 $coF(\cdot)$ 在 x 下半连续.

(c) F 具有开图,那么 $coF(\cdot)$ 具有开图.

35. 设 $X\subset R^m$, $Y\subset R^n$, $F: X \rightrightarrows Y$. 证明

(a) F 在 x 上半连续,那么 $clF(\cdot)$ 在 x 上半连续.

(b) F 在 x 下半连续,那么 $clF(\cdot)$ 在 x 下半连续.

36. 设 $X\subset R^n$ 为非空紧, $Y\subset R^m$, $F: X\times Y \rightrightarrows R^k$ 为上半连续具有非空紧值. 设

$$H(y):=\{x\in X\mid 0\in F(x,y)\}\neq\varnothing,\quad \forall y\in Y,$$

证明 H 为上半连续具有紧值.

37. 设 $N=\{1,\cdots,n\}$, $\mathcal{N}=\{B\mid B\subseteq N\}$. 对任意 $i\in N$, $X_i\subset R^{k_i}$ 为非空凸紧, $f_i: X\to R^m$ 为连续的, 且 f_{ij} 为拟凹, $\forall j=1,\cdots,m$. 证明存在 $x^*\in X$ 使得对任意 $B\in\mathcal{N}$, 都不存在 $y_B\in X_B$ 满足

$$f_{ij}(y_B,z_{-B})>f_{ij}(x^*),\quad \forall z_{-B}\in X_{-B},\ \forall j=1,\cdots,m,\ \forall i\in B.$$

38. 设寡头市场有两个厂商,反需求函数为

$$p=10-x_1-x_2,$$
$$X_1=[0,1],\ X_2=[0,2],$$
$$C_1(x_1)=x_1,\ \forall x_1\in X_1,$$
$$C_2(x_2)=2x_2,\ \forall x_2\in X_2.$$

求非传递效用 α 核和可传递效用 β 核.

39. 设规范型博弈 $\Gamma=(x_i,u_i)_{i\in N}$,

$$N=1,2,$$
$$X_1=X_2=[0,1].$$
$$u_1(x_1,x_2)=\sqrt{x_1 x_2},\ \forall x_i\in X_i,\ i=1,2,$$
$$u_2(x_1,x_2)=x_1+x_2,\ \forall x_i\in X_i,\ i=1,2.$$

求非传递效用 α 核和可传递效用 β 核.

40. I 为有限集, 对任意 $i\in I$, $a^i\in R^n$, $f_i,g_i:\Delta^N\to R^n$ 为连续的, 证明

$$G(x)=co\{a^i+f_i(x): g_i(x)=\max\{g_j(x): j\in I\}\}$$

为上半连续具有非空凸紧值.

参 考 文 献

[1] Arrow K J, Debreu G. Existence of an equilibrium for a competitive economy[J]. Econometrica, 1954, 22: 265-290.
[2] Aliprantis C D, Border K C. Infinite Dimensional Analysis[M]. Berlin: Springer-Verlag, 2006.
[3] Aumann R J. The core of a cooperative game without sidepayments[J]. Trans. Amer. Math. Sot, 1961, 98: 539-552.
[4] Border K C. A core existence theorem for games without ordered preferences[J]. Econometrica, 1984, 52: 1537-1542.
[5] Border K C. Fixed point theorems with applications to economies and game theory[M]. Cambridge: Cambridge University Press, 1985.
[6] Chang S Y. On the Nash equilibrium[J]. Soochow J. Math. 1990, 16, 241-248.
[7] Fan K. Extensions of two fixed point theorems of F. E. Browder[J]. Math. Z, 1969, 112: 234-240.
[8] Florenzano M. On the nonemptiness of the core of a coalitional production economy without ordered preferences[J]. Journal of Mathematical Analysis and Applications, 1989, 141: 484-490.
[9] Florenzano M. Edgeworth equilibria, fuzzy core and equilibria for a production economy without ordered preferences[J]. Journal of Mathematical Analysis and Applications, 1990, 153: 18-36.
[10] Florenzano M, General equilibrium analysis[M]. Boston: Kluwer Academic Publishers, 2003.
[11] Gale D, Mas-Colell A. An equilibrium existence theorem for a general model without ordered preferences[J]. Journal of Mathematical Economics, 1975, 2: 9-15.
[12] Kajii A. A generalization of Scarf's theorem: An α-core existence theorem without transitivity or completeness[J]. Journal of Economic Theory, 1992, 56: 194-205.
[13] Komiya H. A simple proof of KKMS theorem[J]. Economic Theory, 1994, 4: 463-466.
[14] Komiya H. Inverse of Berge maximum theorem[J]. Economic Theory, 1997, 9: 371-375.
[15] Krasa S, Yannelis N C. An elementary proof of the Knaster-Kuratowski-Mazurkiewicz-Shapley theorem[J]. Economic Theory, 1994, 4: 467-471.
[16] Ichiishi T. A social coalitional equilibrium existence lemma[J]. Econometrica, 1981, 49: 369-377.
[17] Ichiishi T. On the Knaster-Kuratowski-Mazurkiewicz Shapley theorem[J]. Journal of Mathematical Analysis and Applications, 1981, 81: 297-299.
[18] Ichiishi T. Game theory for economic analysis[M]. New York: Academic Press, 1983.
[19] Ichiishi T, Idzik A. On a covering theorem[J]. Economic Theory, 2002, 19: 833-838.
[20] Liu J, Liu X. A necessary and sufficient condition for an NTU fuzzy game to have a nonempty fuzzy core[J]. Journal of Mathematical Economics, 2013, 49: 150-156.
[21] Liu J, Liu, X. Existence of Edgeworth and competitive equilibria and fuzzy cores in coalition production economies[J]. International Journal of Game Theory, 2014, 43: 975-990.
[22] Liu J, Tian H Y. Existence of fuzzy cores and generalizations of the KKMS theorem[J]. Journal of Mathematical Economics, 2014, 52: 148-152.
[23] Liu J. Nonemptiness of the fuzzy core in a finite production economy with infinite dimensional commodity

space[J]. Fuzzy Set and Systems, 2022, 447: 123-136.
[24] Nessah R, Tian G. On the existence of strong Nash equilibria[J]. Journal of Mathematical Analysis and Applications, 2014, 414(2): 871-885.
[25] Reny P J, Wooders M H. The partnered core of a game without side payments[J]. Journal of Economic Theory, 1996, 70: 198-311.
[26] Reny P J, Wooders M H. An extension of the KKMS theorem[J]. Journal of Mathematical Economics, 1998, 29: 125-134.
[27] Scarf H E. The core of an n-person game[J]. Econometrica, 1967, 35: 50-69.
[28] Scarf H E. On the existence of a cooperative solution for a general class of n-person games[J]. Journal of Economic Theory, 1971, 3: 169-181.
[29] Shafer W, Sonnenschein H. Equilibrium in abstract economies without ordered preferences[J]. Journal of Mathematical Economics, 1975, 2: 345-348.
[30] Shapley L S. On balanced sets and cores[J]. Naval Research Logistics Quarterly, 1967, 14: 453-460.
[31] Shapley L S, Vohra R. On Kakutani's fixed point theorem, the KKMS theorem and the core of a balanced game[J]. Economic Theory, 1991, 1: 108-116.
[32] Suzuki T. General equilibrium analysis of production and increasing returns[M]. Singapore: World Scientific Pulishers, 2009.
[33] Yang Z, Yuan X Z. Some generalizations of Zhao's theorem: Hybrid solutions and weak hybrid solutions for games with nonordered preferences[J]. Journal of Mathematical Economics, 2019, 84: 94-100.
[34] Yuan G. X Z, Isac G, Tan K K, Yu J. The study of minimax inequalities, abstract economics and applications to variational inequalities and Nash equilibria[J]. Acta Applicandae Mathematicae, 1998, 54: 135-166.
[35] Zhao J. The hybrid solutions of an n-person game[J]. Games and Economic Behavior, 1992, 4: 145-160.
[36] Zhao J. The hybrid equilibria and core solution in exchange economies with externalities[J]. Journal of Mathematical Economics, 1996, 26: 387-407.
[37] Zhao J. A cooperative analysis of convert collusion in oligopolistic industries[J]. International Journal of Game Theory, 1997, 26: 249-266.
[38] Zhao J. The existence of TU α-core in normal-form games[J]. Int. J Game Theory, 1999a, 28(1): 25-34.
[39] Zhao J. A β-core existence result and its application to oligopoly market[J]. Games and Economic Behavior, 1999b, 27: 153-168.
[40] Zhou L. A theorem on open coverings of a simplex and Scarf's core existence theorem through Brouwer's fixed point theorem[J]. Economic Theory, 1994, 4: 473-477.
[41] 俞建.Nash平衡的存在性与稳定性[J].系统科学与数学.2002,22: 296-311.
[42] 俞建.博弈论与非线性分析[M].北京:科学出版社,2008.
[43] 俞建.博弈论与非线性分析续论[M].北京:科学出版社,2011.
[44] 俞建.博弈论十五讲[M].北京:科学出版社,2020.